U0895039

本书受福州大学经济与管理学院“双一流”建设资助
（0490-50011006）

信息技术对中国金融业区位分布与溢出效应的影响研究

李　红◎著

中国财经出版传媒集团

经济科学出版社
Economic Science Press

图书在版编目（CIP）数据

信息技术对中国金融业区位分布与溢出效应的影响研究/李红著．—北京：经济科学出版社，2020．3

ISBN 978－7－5218－1334－0

Ⅰ．①信…　Ⅱ．①李…　Ⅲ．①信息技术－影响－金融研究－中国　Ⅳ．①F832

中国版本图书馆CIP数据核字（2020）第025993号

责任编辑：周国强
责任校对：靳玉环
责任印制：邱　天

信息技术对中国金融业区位分布与溢出效应的影响研究

李　红　著

经济科学出版社出版、发行　新华书店经销

社址：北京市海淀区阜成路甲28号　邮编：100142

总编部电话：010－88191217　发行部电话：010－88191522

网址：www.esp.com.cn

电子邮件：esp@esp.com.cn

天猫网店：经济科学出版社旗舰店

网址：http：//jjkxcbs.tmall.com

固安华明印业有限公司印装

710×1000　16开　12印张　200000字

2020年3月第1版　2020年3月第1次印刷

ISBN 978－7－5218－1334－0　定价：68.00元

（图书出现印装问题，本社负责调换。电话：010－88191510）

前　言

“以史为鉴”，金融业的区位分布对任何一个国家在任何时期的经济增长都至关重要。但金融业区位分布的这种重要性并不意味着不同国家在不同时期需要遵循相似的分布模式、受相同的影响因素驱动。缘由在于，各国在不同时期的经济发展水平、政策制度、技术水平、外在环境等的差异决定了各国不同的经济增长方式，导致经济增长对金融功能的不同需求，从而也决定了金融业的空间发展。

20 世纪 80 年代以来，信息技术在发达国家的金融行业得到广泛应用。经济地理学家们首次提出“地球村”“地理终结”“地理死亡”等理论思想。国际相关实证研究显示在城市层面上，纽约、伦敦等国际金融中心金融郊区化逐渐显现；在国家层面上，金融集聚活动更加紧密。与发达国家相比较，一方面，我国信息技术基础设施建设、信息技术人才建设、金融信息化建设起步较晚；另一方面，近年来我国一直持续加大信息技术建设投资，加速金融信息化、金融电子化建设。因此，信息技术是否已成为影响我国金融业区位分布的关键因素，信息技术是否已改变我国金融业的区位分布模式，金融行业信息技术投资是否存在生产率悖论现象，等等，这些问题已引起政府、经济地理学家和管理学者的共同关注。鉴于此，本书通过理论研究和实证研究相结合的方法主要探讨以下问题。

（1）我国金融业区位分布的特征分析。这部分拟采用全面的指标体系、合适的统计方法系统研究我国金融服务业区位分布特征，以便深入挖掘各阶段我国金融服务业空间分布的区位影响因素。这对认识我国金融服务业区位分布的历史、现状和未来，厘清金融服务业区位分布的影响因素有重要的意义。

（2）中国金融业区位分布的影响因素分析。鉴于服务业多样化和差异性特点，金融服务业区位因素的研究并不系统。影响金融服务业发展的因素究竟有哪些？如何根据这些因素促进区域金融的发展以支持区域经济建设，是我们可以思考的内容。因此，这部分拟解决以下两个问题：首先，在系统梳理国内外文献的基础上，结合金融服务业特点，建立金融服务业区位因素体系；其次，在金融服务业区位因素体系的基础上，采用多重对应分析方法分析各阶段影响我国金融业区位分布的主要影响因素，并对现阶段影响我国金融业区位分布的因素进行深入探讨，为金融服务业区位建设、区域金融中心建设提供政策建议。

（3）信息技术对中国金融业区位分布的影响。互联网金融的快速发展对金融业产生了两方面的影响：一方面，市场的外部环境可能发生改变，真实的市场可能成为虚拟的市场；另一方面，金融服务的生产过程会变得逐步数字化。因此，信息技术有可能降低距离和位置的重要性。由此产生的问题是信息技术对金融活动区位的影响。那么，信息技术是否促使我国金融业在地理上呈现分散化发展呢？这部分拟从两个层面展开研究：首先，从宏观层面实证检验我国信息技术基础设施、信息技术人才与金融区位分布的互动关系，其次，分别以省域层面数据和城市案例为基础，分析自1996年我国金融信息化建设全面展开以来，信息技术是否降低了距离和地理位置的重要性，是否促进金融业呈现分散化发展。

（4）基于互补理论的金融业信息技术投资价值分析。金融集聚已成为我国金融产业组织的基本形式之一，集聚将改善金融机构使用信息技术的组织环境，增加金融机构信息资本使用的收益，以互补理论为基础研究信息技术与金融集聚的互补作用是一个值得关注的现象。鉴于此，这部分以互补理论为基础，将信息技术分解为信息技术固定资本投入和信息技术人才投入，研究我国金融业是否存在信息技术生产率悖论及互补效应，从而为我国金融业发展和金融中心建设提供理论支撑。

（5）基于信息技术网络效应的金融集聚空间溢出效应研究。信息技术网络效应对城市经济的影响近年引起产业经济学家、空间地理学家的广泛关注。因特网以及各种各样的电子行为已经成为影响区域间相互独立性的重要因素，信息技术不仅有利于传播信息和知识，同时缩短了区域城市之间的距离。信息技术网络基础设施建设影响网络效应的实现。一个较好的本地网络连接能影响用户群的大小；消费者更容易直接地被消费者集群影响。随着各个城市信息技术基础设施建设的发展，各城市被网络紧密地联系在一起，网络化的经济结构日益成为区域经济发展的背景。信息技术的发展使得信息传递和知识交流成本降低，效率提高，在一定程度上弱化了空间在经济活动中的重要性。这部分拟在系统梳理金融集聚与经济增长关系的基础上，引入信息技术的网络效应，建立金融集聚与经济增长关系的模型，并且采用空间杜宾模型进行实证研究，从而为中国城镇化建设和金融信息化建设提供政策建议。

笔者数年来一直致力于区域金融和金融数据分析的研究，主持和参与多项国家自然科学基金、国家社会科学基金和省部级项目，在国内核心刊物发表十几篇相关的学术论文。我希望并相信，这部著作的出版，将会为我国未来金融区位发展模式、金融业信息技术建设、新型城镇化建设等提供重要启示。

在此，感谢福州大学经济与管理学院的关心与支持！感谢我的爱人、我的儿子，你们的陪伴，是我快乐的源泉！

李　红

2019年10月于福州大学

目　　录

第1章

绪　论

1.1 研究背景与意义

1.1.1 研究背景

目前，信息和通信技术越来越成为世界上各国竞争力的战略核心，是经济增长、发展和现代化的关键因素。世界近代经济史表明：随着发达国家接近技术前沿，信息技术已成为产品流程、产品生产和维持优势竞争力的关键因素；信息技术已经被证明有助于帮助发展中国家和中等收入经济体跨越更高的发展阶段、培育经济和社会转型[1]。

金融业是最早使用信息技术的部门之一。高德纳 IT 研究与顾问研究公司指出，全世界每年 20% ~25% 的信息技术支出来自金融行业，银行、证券交易所和保险经营机构，它们纷纷将信息技术作为占据市场份额、获取竞争优势的主要手段。如表 1 -1 所示，金融机构和金融消费者都与信息技术紧密联系在一起，信息技术对金融业发展至少产生以下三个方面的影响：第一，信息技术提高了金融业劳动效率。电子输入、系统软件、因特网、移动电话等信息技术促进金融业完成从纸张—劳动密集型行业到电子—自我服务—远程银行的转变，对传统银行进行了改造，资金汇兑、银行卡服务、自助银行、网上银行、电子商务、网上银行结算等新型金融服务得到迅速发展，简化金融产品买卖手续，大大提高金融业劳动效率。第二，信息技术已成为金融业的核心竞争力。信息技术促进金融交易技术、金融产品、金融服务、金融工具的创新发展。随着信息技术的发展，计算机硬软件系统的开发使金融产品更加多样化和复杂，各类金融服务之间的界限变得模糊，金融机构之间的竞争日益激烈，智能化的电子银行、安全的网上支付、快捷的证券交易、人性化的保险服务都是信息技术带来的创新变革。电子商业汇票、网上票据、网上国内信用证、网上国内保理、应收应付账款管理系统、交易识别系统等都是信息技术带来的金融工具创新。第三，信息技术促进金融交易行为、金融交易市场的自由化和全球化。POS 机、声音识别、图形处理、因特网、网络安全等信息技术的发展，使得金融交易渠道激增，远程交易快捷、可靠，金融交易的地域限制减少，企业和个人投资者可以通过鼠标点击、手机点击将大量的资金从世界的一端转移到另一端，信息技术有可能降低距离和地理位置的重要性。金融业的本质是信息流与资金流的结合。在信息技术时代，金融产品与其他商品不同，金融产品的流动不是物理意义上的流动，而是数据和数字的流动，因此它最适合因特网。银行、证券、保险、期货与投资咨询等机构，信息技术都获得了普遍而快速的应用，因此其受信息技术的影响最深，是与信息技术结合最为紧密的部门之一。

表 1-1　　信息技术在金融机构和金融消费者中的应用及影响

信息技术	金融机构	金融消费者	影响
计算机硬件系统（电脑、ATM、POS 机等）	交易处理、电子输入、软件运行的支持系统	家庭银行、股票交易、软件运行等的支持系统	电子输入降低成本，增加日交易量；随着个人电脑的普及以及 POS 机、声音识别、图形处理等技术的发展，越来越多的人有可能远距离地接受金融服务

续表

信息技术	金融机构	金融消费者	影响
计算机软件系统	系统软件（控制计算机的资源分配和调度），支撑软件（通信网络、监控事物处理、管理数据库环境等）和应用软件（直接与终端客户相连，完成金融服务，如预算和会计系统）	应用软件，如证券价格走势系统软件、证券投资组合策略、股票交易系统等	软件提高金融资源的统筹管理；开发、修改应用软件以适应金融工具创新和金融个性化服务的发展
电信技术（因特网、移动电话等）	完成金融数据的远程传输，如通过数据传输完成证券交易、卡和支票授权、现金管理服务等	金融咨询、场外证券交易、股票交易等的资金传输通道	因特网技术的发展，使信息获取更为便捷、迅速，资本流动范围扩大，金融全球化成为可能

中国自1993年的金卡、金桥、金关的“三金工程”以来，信息化工程开始全面启动。经过近30年的发展，中国移动电话普及率由1992年的0.02部/百人增加到2018年的112.22部/百人；互联网普及率由2002年的4.6%增加到2018年的57.3%；互联网宽带接入用户数由2002年的325.3万户增加到2018年的40076.8万户，逐步形成金融信息化良好的外部环境。与此同时，中国金融机构也逐步加大行业内信息技术投资力度，2014年中国金融业信息技术投入达1240亿元，占全国信息技术投资的22%，这一数据到2018年已达到1386亿元。① 2011年，中国银联正式推出“银联在线支付”和“银联互联网手机支付”业务。拥有银联在线的用户在没有开通网银的情况下可以实现线上支付，包括信用卡、借记卡、储蓄卡等各种卡种。2013年8月，国务院下发《国务院办公厅转发商务部等部门关于实施支持跨境电子商务零售出口有关政策意见的通知》，支持上海、重庆、杭州、宁波、郑州五个城市成为试点城市，创新交易认证系统，规范结汇及退税。2017年6月，中国人民银行印发《中国金融业信息技术“十三五”发展规划》，明确了金融业信息技术的发展目标，主要包括金融信息技术基础设施建设达到国际领先水平、推动金融新技术应用等。以上数据和现状均已表明，信息技术已经逐步成为影响中国金融业发展的关键因素，政策制定者、从业者和学者面临

① 2016年和2019年《中国统计年鉴》。

如何通过信息技术实现发展目标的挑战。因此，信息技术对金融服务业的影响机理已引起了金融界、学术界和政府的共同关注。

1.1.2 研究意义

以信息技术为核心的第三次科学技术革命，促使信息和知识、高新技术与金融服务业紧密联系在一起，使金融服务业发展更强烈地依赖信息的生产和运用，由此带动了金融服务业的迅速发展。在发达国家和发展中国家的主要中心城市，金融服务业已经成为推动经济增长和城市化发展的主要源泉。信息技术在金融业的广泛使用不仅改变了金融服务的提供、传递、接受和使用方式，进而有可能影响金融业的空间布局模式；还通过降低成本、网络效应等方式影响金融分布的城市效应和区域效应。然而，目前有关金融服务业区位分布与效应的研究还比较匮乏，现有研究主要集中在制造业，信息技术对金融业区位分布与效应的影响还远未涉及。因此，本书的研究具有以下理论与实际意义：

（1）有利于丰富和深化金融业空间研究的相关理论。尽管现有的金融业空间发展理论为相关政策的制定提供了理论依据和实证经验，但我国目前缺乏信息技术对金融业空间发展影响的理论研究框架，信息技术对金融业空间布局、区位选择和城市效应的影响还有待于深入挖掘，金融业区位因素体系还有待于建立。

（2）目前评价政府、民间社团和私营部门等信息技术建设对金融空间布局和区位选择的模型和工具比较匮乏，因此，该研究有利于进一步揭示和深究信息技术对金融业区位分布的影响机理及两者之间的相互关系。有助于我国有关产业部门根据相关影响机理进行合理的金融业布局与信息技术建设。

（3）金融信息化是金融发展的必然趋势，然而基于中国金融业数据的信息技术生产率悖论研究较为薄弱，以互补理论为基础的信息技术投资价值研究更不多见。因此，该研究有利于深入揭示信息技术投资价值实现机理，有利于金融机构部门根据信息技术投资价值实现机理展开合理的信息技术投资。

（4）越来越多的学者注意到金融业区位分布与经济增长的密切关系，因此，该研究有利于揭示信息技术对金融空间溢出效应的影响，从而为区域信息化建设、金融中心建设、中国新型城镇化建设提供理论指导。

1.2　研究内容、研究方法、技术路线与数据来源

1.2.1　研究的主要内容

本书致力于深入探讨信息技术对中国金融业区位分布与效应的影响机理，共分为八章，具体安排如下：

第 1 章，绪论。主要介绍本书的研究背景与研究意义；简要介绍本书的研究方法、技术路线、研究内容、不足和创新之处。

第 2 章，相关概念的界定与文献综述。本章对信息技术的概念、金融服务业的内涵与分类进行界定和说明。从古典区位理论、近代区位理论和现代区位理论三个方面对国内外关于区位选择研究的文献进行了梳理，并进行简要的述评。从信息技术投资效率角度梳理国内外金融业信息技术投资研究相关文献，探讨国内外研究差距，为后面各章进一步的研究做了铺垫。

第 3 章，中国金融业区位分布特征分析。本章主要解决以下两个问题：首先，通过文献梳理、比较与检验，采用合适的集聚指标测度中国金融业空间集聚水平，集聚指标选择的合理性为后续实证研究的科学性提供了数据保证；其次，通过选用较全面的金融业指标体系，采用改进后的瓦瑟斯坦测度模糊聚类方法系统研究我国金融服务业自 1978 年以来的区位分布状态，探讨我国金融业区位分布的演化规律，为第 4 章的研究奠定基础。

第 4 章，中国金融业区位分布的影响因素分析。本章首先以马歇尔提出的影响产业区位分布的三大微观机制（劳动力市场、中间产品投入、信息和技术的溢出）为基础，在国内外文献梳理的基础上构建了我国金融业区位分布的影响因素体系；然后采用多重对应分析方法，在第 3 章实证研究结果的基础上检验自 1978 年以来各阶段影响我国金融业区位分布的关键因素。

第 5 章，信息技术对中国金融业区位分布的影响。以奥布赖恩为代表的经济地理学家们认为信息技术有可能降低地理和位置的重要性，尤其是对知识密集型、信息密集型行业。国外相关实证研究发现，在信息技术、金融全球化的推动下，金融的地理分布发生改变，城市层面上金融郊区化已悄然出

现。因此，本章从两个层面展开研究：首先，从宏观角度，采用向量自回归模型、格兰杰因果检验验证信息技术基础设施、信息技术人才与金融区位分布的互动关系；其次，以全国省域层面数据和上海为代表的城市案例为基础，分析自 1996 年我国金融信息化建设全面展开以来，信息技术是否降低了距离和地理位置的重要性，是否促进金融业呈现分散化发展，信息技术是否改变了我国金融业区位分布的模式。

第 6 章，基于互补理论的金融业信息技术投资价值分析。本章主要解决以下两个问题：首先，以新经济增长理论为基础，将信息技术内生化，结合互补理论，构建信息技术与金融集聚的互补效应模型，提出如下假说：信息技术不仅直接提高金融业劳动生产率；而且金融集聚这一产业组织形式为信息技术投资价值的实现提供大量人力资本、良好的经济背景、先进的管理等互补因素，信息技术与金融集聚存在互补作用。其次，采用面板数据模型检验信息技术与金融集聚的互补理论假说，从而为我国金融信息化建设提供政策建议。

第 7 章，基于信息技术网络效应的金融集聚空间溢出效应研究。本章以奇科内和霍尔构造的集聚经济外部性模型为基础，鉴于劳动力和人力资本的异质性，区分金融业劳动力和非金融业劳动力、金融业人力资本和非金融业人力资本对城市经济增长的不同贡献，引入金融集聚规模和金融产出密度两个金融集聚变量，分析金融集聚的空间溢出效应。实证分析模型中，考虑到经济变量在空间上的相互依赖关系与信息技术对金融传递距离的影响，改进传统的 0 ~ 1 空间权重矩阵，将基于信息技术网络效应的空间权重矩阵引入空间杜宾模型，更为准确、全面地分析金融集聚的空间溢出效应，从而为中国金融中心建设与城镇化建设提供政策建议。

第 8 章，总结与政策建议。主要对全书做简要总结，指出研究的不足与以后的研究方向。

1.2.2 研究方法

以国内外相关理论为基础，运用中国信息技术、金融业相关数据采用定性分析与定量分析相结合、理论分析与实证研究相结合的方法展开研究。各章节具体采用的方法如下：

第 2 章，相关概念的界定与文献综述。本章主要采用文献梳理与规范分析方法。

第 3 章，中国金融业区位分布特征分析。本章主要采用文献梳理、对比分析、有序样本聚类和模糊聚类方法。

第 4 章，中国金融业区位分布的影响因素分析。本章主要采用文献梳理、多重对应分析方法。

第 5 章，信息技术对我国金融业区位分布的影响。本章主要采用向量自回归模型、格兰杰因果检验、描述性统计分析与案例分析方法。

第 6 章，基于互补理论的金融业信息技术投资价值分析。本章主要采用提出假设、面板数据回归模型实证检验的科学方法。

第 7 章，基于信息技术网络效应的金融集聚空间溢出效应研究。本章主要采用定性分析与空间面板滞后模型相结合的研究方法。

1.2.3　研究的技术路线

本书研究的技术路线，如图 1－1 所示。

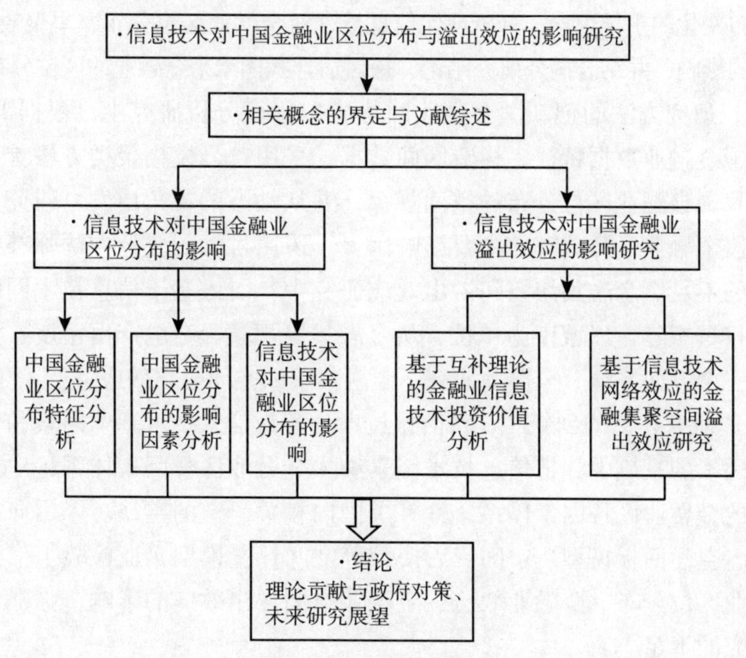

图 1－1　研究技术路线

1.2.4 数据来源

本书中所涉及的数据主要来源于:

2001~2018 年《中国统计年鉴》、2009~2018 年《中国金融年鉴》、1996~2018 年《中国城市统计年鉴》、1986~2018 年中国各省市自治区统计年鉴、《新中国五十年统计资料汇编》、中国经济与社会发展统计数据库以及中国知识基础设施工程（CNKI）。

1.3 本书的主要创新点

（1）研究视角的创新。长期以来，有关金融业区位分布的研究多从金融集聚角度展开，集聚仅仅是事物区位分布的一个静态结果，区位分布受多种因素驱动，且信息技术、通信网络的进步正在挑战金融业现有的集聚模式。因此，本书从动态角度，系统研究我国金融业区位分布的演化，分析各阶段影响金融业区位分布变化的主导因素，分析现代信息技术对金融业区位分布、集聚效应、溢出效应的影响，并结合国外研究结论，探讨适合我国未来金融业的区位分布模式。

（2）研究方法的创新。金融业区位分布特征分析研究中，根据 1978 年以来我国金融业数据特征，构造区间数据，采用符号模糊聚类方法首次系统研究了我国金融业区位分布的空间规律，并从动态的视角出发，研究分析了各个阶段金融业区位分布的主要影响因素，采用科学的统计方法弥补我国相关研究的不足。金融集聚空间溢出效应研究中，引入基于信息技术网络效应的空间权重矩阵，以城市为单位，从金融集聚规模、金融产出密度、金融人力资本三个方面系统、全面地研究了金融集聚的空间溢出效应。

（3）研究理论的创新。在将信息技术分解为信息技术基本因素和信息技术人才因素的基础上，把信息技术因素纳入金融业区位因素体系，建立了较为完整的金融业区位因素体系，弥补了国内相关研究的空缺。采用向量自回归模型、空间面板模型、空间滞后模型等空间计量模型实证检验了信息技术对金融业区位分布、金融业效应、金融业空间溢出效应的影响，弥补了相关理论研究的不足。

| 第 2 章 |

相关概念的界定与文献综述

2.1 相关概念的界定

本书致力于探讨信息技术对中国金融业区位分布与效应的影响，因此首先要明确信息技术与金融业的内涵。

2.1.1 信息技术的内涵

信息技术的内涵十分广泛，而且还处于不断的发展演变中，根据不同的来源提供了不同的定义。

国际信息技术与创新基金会提供了信息技术的两种定义。第一种将信息技术定义为用于研究、理解、规划、设计、建设、测试、分布、软件支持和操作的技术；计算机设备；数据、信息和知识处理的计算机系统。第二种将信息技术定义为研究、科学以及数据、信息和相关知识管理的所有解决方案的集合[2]。

维基百科将信息技术定义为用于管理和处理信息所采用的各种技术总称。它主要是应用计算机科学和通信技术来设计、开发、安装和实施信息系统及应用软件，也常被称为信息和通信技术（information and communications technology，ICT）[3]。

美国信息技术协会将信息技术定义为研究、设计、开发、实施，以及以计算机为基础的支持和管理信息系统，特别是应用软件和计算机硬件[4]。美国历史英语词典第四版将信息技术定义为发展、安装、计算机系统的应用与实现[5]。美国《韦氏大词典》将信息技术定义为信息的传递和储存，尤其是公司、大学和其他组织中信息的发展、安装、实施和计算机系统的管理[6]。

在我国，从广义和狭义两个角度给出信息技术的定义。广义上，信息技术是能够扩展人类信息器官功能的各种技术总称，涉及信息的生产、获取、识别、变换、传递、处理、存储、显示、控制、利用和反馈等信息活动的所有技术的集合。狭义上，信息技术指能够扩展人类信息器官功能的主体技术和应用技术，如计算机技术、通信技术、感测技术和控制技术等[7]。

上述定义主要从纯技术角度关注信息技术的基本构成要素，例如，信息技术的硬件和软件，具体包括计算机设备、计算机系统、各类通信技术、应用软件等。但信息技术不仅仅通过其基本要素对经济发展产生影响，还通过信息技术人才要素推动经济增长。正如罗默（Romer，1990）指出，信息技术人才已成为经济发展的内生增长要素[8]。而金融业，作为知识密集型、信息密集型行业，信息技术人才的作用更为显著。一方面，金融服务业、高科技产业等高端服务业越来越接近信息技术的创新源——信息技术研发中心、信息技术人才密集的区域。例如，英国伦敦金融城不仅创造了全国40%的金融业产值，还创造了全国35%的信息技术服务业增加值[9]。另一方面，金融智能化决策支持系统、金融产品创新、金融制度创新已成为金融机构提高竞争力、拓展市场份额的主要手段，而95%的创新都离不开信息技术，离不开信息技术的专业人才[10]。从近几年银行、证券、保险公司的招聘看，后台开发工程师、系统测试工程师、IT服务支持专员、IT项目管理经理、大数据项目管理、人工智能、云计算、信息安全管理等信息技术人才的招聘已经成为银行人才招聘的重点。

因此，研究信息技术对金融业区位分布与效应的影响不能忽视信息技术人才的作用。基于此，本书将信息技术分解为两个要素：信息技术基本要素和信息技术人才要素。其中，信息技术基本要素包括信息技术基础设施建设、计算机设备、计算机系统、各类通信技术、应用软件等。信息技术人才要素是指计算机技术服务业人才。

2.1.2 金融业的内涵

金融业，又称金融服务业，是国民经济发展中一个较为重要的行业。但到目前为止，理论界对于金融服务业的内涵还存在较大的争议。从不同角度出发，学者们赋予金融服务业不同的定义。

英国学者亚瑟·梅丹定义金融服务是“金融机构运用货币交易手段，融通有价物品，向金融活动参与者和顾客提供的共同受益、获得满足的活动”[11]。美国在《美国金融服务现代法》中指出金融服务包括银行、证券公司、保险公司、储蓄协会、住宅贷款协会以及经纪人等中介服务[12]。国际世贸组织（WTO）在《服务贸易总协定》中将金融服务定义为“由金融服务提供者所提供的任何金融性质的服务”。具体包括银行，保险及与保险有关的服务，保险中介服务，咨询、保险精算和理赔服务等[13]。联合国统计署在2008 年版国民经济核算体系（2008SNA）中对金融服务给出具体准确的定义：包括金融中介活动、金融风险管理、流动性转换以及辅助金融活动，具体分类如表 2 - 1 所示。

表 2 - 1　　2008SNA 金融业分类

大类	小类
中央银行	中央银行、货币局或独立的货币当局、政府的附属机构
中央银行以外的存取公司	商业银行、储蓄银行、邮政储蓄、汇划银行、农村信用银行、农业信用银行、信用合作银行、信用社、接受存款或发行类似存款工具的其他金融机构
货币市场基金	货币市场基金
非货币市场投资基金	非货币市场投资基金
保险公司和养老基金以外的其他金融中介	财务公司、金融租赁公司、证券承销商和交易商、周转公司、中央清算组织以及从事短期融资、出口或进口融资、代收服务等的特殊金融机构
金融辅助机构	经纪人和代理机构、证券发行公司、公共交易所和证券市场、外汇公司、金融担保公司、保险和养老辅助机构、作为独立机构单位的金融监管机构、其他金融辅助机构

续表

大类	小类
限制性金融机构货币贷款人	如信托、财产、代理户口等法律实体单位、控股公司、特定目的实体或载体、货币放款者、利用唯一出资者出资提供贷款（如学生贷款、进出口贷款）的公司，以及从事借款的当铺
保险公司	保险公司和准公司
养老金	

在很大程度上，联合国统计署2008SNA对金融服务内涵的定义最具有代表性，其不仅涵盖了目前占据重要地位的金融机构如中央银行、证券机构等，对新兴的金融服务行为如货币市场基金、非货币市场投资基金、金融担保公司、外汇公司等也给予足够的重视。

我国2002年、2011年和2017年分别颁布了《国民经济行业分类》（GB/T 4754—2002、GB/T 4754—2011和GB/T 4754—2017）标准，对我国金融服务业给出了具体分类，分别如表2－2至表2－4所示。与2002年国民行业分类标准和联合国2008SNA相比，我国2011年、2017年国民行业分类标准开始重视期货市场、资本投资等新兴金融服务。2017年国民经济分类标准比2011年分类标准更细化、更具体，这在一定程度上不仅反映我国金融业内涵开始与国际接轨，更反映近几十年来我国金融业、各项金融衍生产品的蓬勃发展。

表2－2　　国民经济金融行业分类（GB/T 4754—2002）

大类	种类	小类
68银行业	681中央银行	代表政府管理金融活动，并制定和执行货币政策的特殊金融机构的活动
	682商业银行	指国有独资商业银行、股份制银行、城市商业银行、城市信用社、农村信用社等的活动
	689其他银行	指政策性银行的活动

续表

大类	种类	小类
69 证券业	691 证券市场管理	指证券、期货市场的管理和监督活动
	692 证券经纪与交易	指证券、期货经纪代理人的代理交易活动；证券、基金的管理等活动；证券营业部的管理活动
	693 证券投资	指在证券市场从事股票、基金、债券、期货及其他有价证券的投资等活动
	694 证券分析与咨询	
70 保险业	701 人寿保险	指主要提供养老等人寿保险和再保险的活动
	702 非人寿保险	指主要提供除人寿险以外的保险活动和再保险活动
	703 保险辅助服务	指保险代理、评估、监督、咨询等活动
71 其他金融活动	711 金融信托与管理服务	指代理资金、财产的信托、管理活动，以及基金的托管人活动
	712 金融租赁	
	713 财务公司	指经人民银行批准，为企业融资服务的金融活动
	714 邮政储蓄	
	715 典当	指以实物质押的放款活动
	715 其他金融业	指上述未列明的金融活动

表 2-3　国民经济行业分类（GB/T 4754—2011）

大类	种类	小类
66 货币金融业	661 中央银行服务	代表政府管理金融活动，并制定和执行货币政策，维护金融稳定，管理金融市场的特殊金融机构的活动
	662 货币银行服务	指除中央银行以外的各类银行所从事存款、贷款和信用卡等货币媒介活动，还包括在中国开展货币业务的外资银行及分支机构的活动
	663 非货币银行服务	6631 金融租赁服务
		6632 财务公司
		6633 典当
		6639 其他非货币银行服务
	664 货币银行监管服务	指代表政府管理银行业活动，制定并发布对银行业金融机构及其业务活动监督管理的规章、规则

续表

大类	种类	小类
67 资本市场服务	671 证券市场服务	6711 证券市场管理服务
		6712 证券经纪交易服务
		6713 基金管理服务
	672 期货市场服务	6721 期货市场管理服务
		6729 其他期货市场服务
	673 证券期货监管服务	指由政府或行业自律组织进行的对证券期货市场的监管活动
	674 资本投资服务	指经批准的证券投资机构的自营投资、直接投资活动，以及风险投资和其他投资活动
68 保险业	681 人身保险	6811 人寿保险
		6812 健康和意外保险
	682 财产保险	指除人身保险外的保险活动，包括财产损失险、责任保险、信用保险、保险保证等
	683 再保险	指承担与其他保险公司承保的现有保单相关的所有或部分风险的活动
	684 养老金	指专为单位雇员或成员提供退休金补贴而设立的法定实体的活动，包括养老金定额补贴计划以及完全根据成员贡献补贴数额的个人养老金计划等
	685 保险经纪与代理服务	指保险代理人和经纪人进行的年金、保单和分保单的销售、谈判或促合活动
	686 保险监管服务	指根据国务院授权及相关法律、法规规定所履行的对保险市场的监督、管理活动
	689 其他保险活动	6891 风险和损失评估
		6899 其他未列明保险活动
69 其他金融业	691 金融信托与管理服务	指根据委托书、遗嘱或代理协议代表受益人管理的信托基金、房地产账户或代理账户等活动，还包括单位投资信托管理
	692 控股公司服务	指通过一定比例股份，控制某个公司或多个公司集团，控制公司仅控制股权，不直接参与经营管理，以及其他类似的活动

续表

大类	种类	小类
69 其他金融业	693 非金融机构支付服务	指非金融机构在收付款人之间作为中介机构提供下列部分或全部货币资金转移服务，包括网络支付、预付卡的发行与受理，银行卡收单及中国人民银行确定的其他支付等服务
	694 金融信息服务	指向从事金融分析、金融交易、金融决策或其他金融活动的用户提供可能影响金融市场的信息或者金融数据的服务
	699 其他未列明金融业	指主要与除提供贷款以外的资金分配有关的其他金融媒介活动，包括保理活动、掉期、期权和其他套期保值安排、保单贴现公司的活动、金融资产管理、外币兑换等活动

表 2-4　国民经济行业分类（GB/T 4754—2017）

大类	种类	小类
66 货币金融服务	661 中央银行服务	代表政府管理金融活动，并制定和执行货币政策，维护金融稳定，管理金融市场的特殊金融机构的活动
	662 货币银行服务	指除中央银行以外的各类银行所从事存款、贷款和信用卡等货币媒介活动，还包括在中国开展货币业务的外资银行及分支机构的活动
	663 非货币银行服务	6631 融资租赁服务
		6632 财务公司服务
		6633 典当
		6634 汽车金融公司服务
		6635 小额贷款公司服务
		6636 消费金融公司服务
		6637 网络借贷服务
		6639 其他非货币银行服务
	664 银行理财服务	指银行提供的非保本理财产品服务
	665 银行监管服务	指代表政府管理银行业活动，制定并发布对银行业金融机构及其业务活动监督管理的规章、规则

续表

大类	种类	小类
67 资本市场服务	671 证券市场服务	6711 证券市场管理服务
		6712 证券经纪交易服务
	672 公开募集证券投资基金	指向不特定投资者公开发行受益凭证的证券投资基金，由专业基金管理人管理，在法律的严格监管下进行投资，依照《公开募集证券投资基金运作管理办法》进行运作（包括基金投资类理财服务）
	673 非公开募集证券投资基金	6731 创业投资基金
		6732 天使基金
		6739 其他非公开募集证券投资基金
	674 期货市场服务	6741 期货市场管理服务
		6749 其他期货市场服务
	675 证券期货监管服务	指由政府或行业自律组织进行的对证券期货市场的监管活动
	676 资本投资服务	指经批准的证券投资机构的自营投资、直接投资活动，以及风险投资和其他投资活动
	679 其他资本市场服务	指投资咨询服务、财务咨询服务、资信评级服务，以及其他未列明的资本市场的服务
68 保险业	681 人身保险	6811 人寿保险
		6812 年金保险
		6813 健康保险
		6814 意外伤害保险
	682 财产保险	指以财产及其有关利益为保险标的的保险，包括财产损失保险、责任保险、信用保险、保证保险等
	683 再保险	指承担与其他保险公司承保的现有保单相关的所有或部分风险的活动
	684 商业养老险	指专为单位雇员或成员提供退休金补贴而设立的法定实体的活动，包括养老金定额补贴计划以及完全根据成员贡献补贴数额的个人养老金计划等
	685 保险中介服务	指保险代理人、保险经纪人开展的保险销售、谈判、促合以及防灾、防损或风险评估、风险管理咨询、协助查勘理赔等活动，以及保险公估人开展的对保险标的或保险事故的评估、鉴定、勘验、估损、理算等活动

续表

大类	种类	小类
68 保险业	686 保险资产管理	指保险资产管理公司接受委托，开展的保险资金、商业养老金等资金的投资管理活动
	687 保险监管服务	指根据国务院授权及相关法律、法规规定所履行的对保险市场的监督、管理活动
	689 其他保险活动	指其他未列明的与保险和商业养老金相关或密切相关的活动，包括救助管理、保险精算等
69 其他金融业	691 金融信托与管理服务	指根据委托书、遗嘱或代理协议代表受益人管理的信托基金、房地产账户或代理账户等活动，还包括单位投资信托管理
	692 控股公司服务	指通过一定比例股份，控制某个公司或多个公司集团，控制公司仅控制股权，不直接参与经营管理，以及其他类似的活动
	693 非金融机构支付服务	指非金融机构在收付款人之间作为中介机构提供下列部分或全部货币资金转移服务，包括网络支付、预付卡的发行与受理，银行卡收单及中国人民银行确定的其他支付等服务
	694 金融信息服务	指向从事金融分析、金融交易、金融决策或其他金融活动的用户提供可能影响金融市场的信息或者金融数据的服务
	695 金融资产管理公司	指经批准成立的，以从事收购、管理和处置不良资产业务为主，同时通过全资或控股金融类子公司提供银行、信托、证券、租赁、保险等综合化金融服务的金融企业
	699 其他未列明金融业	指主要与除提供贷款以外的资金分配有关的其他金融媒介活动，包括保理活动、掉期、期权和其他套期保值安排、保单贴现公司的活动、金融资产管理、外币兑换等活动

本书采用我国 2017 年颁布的《国民经济行业分类》标准定义金融服务业的内涵。具体来讲，金融服务业是以货币金融业、资本市场服务、保险业为主体，以金融信托与管理服务、控股公司服务、非金融机构支付服务、金融信息服务等为辅助行业的集合。

2.2　区位选择理论文献综述

“区位”一词最初源于德国经济学家冯·杜能的著作《孤立国同农业和国

民经济的关系》[14]。在英文文献中，区位一词通常被译为“location”。冯·杜能在《孤立国同农业和国民经济的关系》著作中指出区位包含两层含义：一是指某事物的位置；二是指人类对某事物位置的设计与规划。因此，人类对事物区位分布的探索即是研究事物与自然环境和社会经济环境的联系。冯·杜能提出的区位论是以农业区位论为基础，采用孤立国的方法研究孤立国的生产布局，讨论了林业、农业、牧业和工业的布局，并根据当时德国农业和市场的关系，分析地价对农业生产布局的影响，研究如何农业布局才能使单位面积土地获利最大，创立了农业区位理论。冯·杜能提出的区位理论是区域经济学的核心基础理论之一，在此基础上，相关专家学者展开深入研究，发展区位理论。人类经济研究历史表明，区位的选择对经济活动的空间组织、产业的布局优化等产生重要影响，其发展历经古典区位理论、近代区位理论和现代区位理论三个时期。

2.2.1 古典区位理论

德国经济学家冯·杜能的农业区位同圈层理论、新古典经济学家阿尔弗雷德·马歇尔的产业集聚理论、韦伯的工业区位理论开创了古典区位理论的先河。

冯·杜能在六大孤立假设条件下，排除土质、交通方式、市场竞争等因素的影响，以运输成本为核心，以追求利润最大化为目的，探讨市场距离与农业生产方式配置的关系，并采用演绎归纳法得出农业生产的同心圆空间配置方式。该理论虽然以一个均质的假想空间为基础，但有效地揭示出地理位置、地租和土地利用三者之间的关系：随着离市场距离的增加，土地利用由耕地向畜牧地、荒地过渡；集约程度逐步降低；谷物比重逐步减少；休闲地随之增加。冯·杜能研究农业圈层现象的理论意义在于：他引入了运输成本作为农业区位选择的重要因子，从而形成了农业区位论，为区位论的发展奠定了基础。之后，哈格特（Haggett，1983）以冯·杜能的同心圆圈层理论为基础，展开了以欧洲为样本的宏观尺度研究，综合欧洲人口密度，将欧洲城市周围农业地带划分为以西北欧为中心的七大地带，提出欧洲农业圈层结构[15]。杜能和哈格特理论没有考虑自给性农业经营的空间问题，信息技术与交通条件的改善使距离因素的决定性作用减弱，并且缺乏对周围城市土地利用的考虑。

19 世纪中后期，工业区位问题伴随第一次科技革命的发生逐步凸显出来。韦伯第一个完整地提出了工业区位理论，并产生了广泛的影响，被公认为工业区位理论的奠基者。他列举出的比较重要的区位因子有：运输费用、工资、土地费用、原材料及燃料费用、建筑物及其设备、利率等。另外，韦伯还认识到了规模经济、范围分工、分工协作等可以为企业带来收益，也认识到过度集聚会产生一些弊病。马歇尔在韦伯工作的基础上进一步详细阐述了影响企业区位分布的三大微观基础：企业集聚在一起有利于专业化队伍的形成（中间产品投入）、企业的集聚有利于劳动力市场的共享、企业的集聚有利于知识和技术的外溢[16]。由于该理论的突破性进展，以至于该理论成为从古典区位理论到以新经济地理学为核心的现代区位理论研究中涉及产业集聚研究时共同的理论基础。但是该理论缺乏严格的数学论证，也忽视了其他区位因素的影响。德国经济学家劳恩哈特（Launhart，1993）借助几何学和微积分等经典数学理论，将网络节点方法应用于工业区位选择模型中[17]。在资源供应和产品销售约束条件下，建立运输成本达到最小的厂商最优定价模型，提出著名的“区位三角理论”。到 20 世纪初，德国区位理论先驱韦伯通过《工业区位理论——区位的纯粹理论》[18]《工业区位、区位的一般理论及资本主义理论》[19]专著对工业区位理论进行了系统阐述。他认为产业区位分布的形成应该分成两个阶段。第一阶段是指企业通过自身的规模扩张而使企业集聚在一起。第二阶段，随着企业自身简单规模扩展的完成，技术设备逐步发展，使生产过程更加专业化，专业化的生产促使企业更加集聚；生产过程的高度专业化使得劳动力高度分工完成，完善且灵活的劳动力组织有利于集聚的发生；企业的集聚为批量购买和销售降低了成本，提高了劳动生产率；企业的集聚还可以使一切公用基础设施共享，降低了经常性开支成本，且经常性开支成本的降低有利于集聚进一步加强。不仅如此，韦伯还通过严格的数学证明建立了运费指向论、劳动指向论和集聚指向论模型，建立了完善的工业区位理论体系，其中，运费指向论仅考虑运费对工业区位的影响；劳动指向论考虑运费和劳动合计为最小时对工业区位选择的影响；集聚指向论考虑工业的集聚与分散对运费指向论和劳动指向论决定的区位的影响。在我国，更为大家所熟悉的是韦伯的工业区位论理论，该理论也被广泛应用于区位经济空间布局研究中。一方面，劳恩哈特的大部分成果都没有被翻译成英文或中文，且有些成果已经很难找到；另一方面，劳恩哈特更注重数学证明与数学的理论模型，缺乏实际经济中的考虑，而韦伯完整的工业区位理论体系不仅考虑了运输成本对工业区位的影响，还考虑了劳动报酬、产业的集聚与分散对工业区位的影响，因而成为后世区位理论分析的经典法则。

2.2.2 近代区位理论

20 世纪初，随着资本主义经济高度发展，经济活动越来越向城市集聚，以克里斯塔勒和廖什为代表的德国经济地理学家开始对城市形态、城市空间分布展开研究。

克里斯塔勒是近代城市地理学的奠基人之一。他分别建立了市场原则、交通原则和行政原则的克里斯塔勒中心地理论[20]，探索城市的数量、规模和分布是否存在规律？如果存在规律，它的规律是什么？市场原则的中心地理论认为中间地的空间均衡是中心地系统的基础。市场原则下中心地首先要具有等级性，不同级别的中心地与不同的中心职能相对应；中心地的分布必须遵循一定的规则，一般满足六边形的空间结构；不同等级的中心地数量、距离与区域面积应该呈几何数变化。交通原则的中心地理论从交通的角度提出了中心地布局理论，认为中心地应该设置在比自己高一级别的两个中心地的交通的中点上。行政原则认为中心地的设置从属于行政安排，低一级别的中心地应该从属于高一级别的中心地。克里斯塔勒的中心地理论后来成为城市地理学、商业地理学和区域经济学研究的重要基础理论之一。可以说，克里斯塔勒的空间六边形理论是对冯·杜能农业圈层理论和韦伯工业区位理论的扩展和补充。之后，廖什在专著《经济的空间分布》中提出以市场为中心的中心地系统市场区位论[21]。该区位理论认为企业的最佳区位是使基于收入—费用利润达到最大化的点；产品的价格变化随市场区域范围的变化而变化；某一企业的市场范围围绕市场中心呈圆形，不再是克里斯塔勒的中心地中的六边形结构；但是多个企业的市场均衡结构呈现蜂窝状的六边形。廖什的市场区位论更侧重从市场的角度出发；其次，廖什得出市场区位论不存在明显的等级次序，而克里斯塔勒中心地理论则具有明显的等级次序；最后，廖什的市场区位论模型中，中心地的职能规模与市场规模、人口规模不一定一致，而克里斯塔勒中心地理论中中心地的职能规模与市场规模、人口规模需要保持一致。

2.2.3 现代区位理论

20 世纪中后期，区位理论发展进入百家争鸣时期，各国经济学家从不同角度出发，提出不同的区位理论。分别有艾萨德区位指向论、史密斯和普雷德的行为指向论、以玛西为代表的结构区位论、波特的钻石模型、库克的区域创新体系和克鲁格曼的新经济地理学理论等。

20 世纪 50 年代，美国经济学家艾萨德先后出版了《区位与空间经济》《区域科学导论》，标志现代区位理论的初步形成[22-23]。艾萨德在理论分析框架中引入距离投入变量，并论证这一变量的有效性。在实际模型中，引入市场区位边界条件函数、距离投入变量和边际替代关系对市场区域进行划分，由此对地域空间经济变量的变动进行动态分析。艾萨德的现代区位理论比较综合了冯·杜能的农业区位论、韦伯的工业区位论和廖什的市场区位论，通过构建地域生产转换函数准确具体地分析了区位因素变动对区位分布的影响，为多目标区位问题的分析提供了可供参考的理论分析。

20 世纪 60 年代开始，以往区位论中理性经济人和完全信息的假设开始遭到批判。经济学家认为，由于人自身的限制以及无法掌握全面的信息，现实生活中的区位选择与古典区位论中的最佳位置并不一致。因此，经济学家开始从人的行为角度研究区位选择问题，其中的代表是史密斯的收益空间界限理论和普雷德的行为矩阵。史密斯（Smith，1966）的收益空间界限理论建立在韦伯空间费用曲线和廖什的空间收入曲线基础上，通过费用曲线和收入曲线的边界分析就能找到最佳区位和次最佳区位[24]。并且，史密斯首次从理论上讨论了企业主经营手段和政府优惠政策对区位变化的影响。普雷德（Pred，1967）通过构建信息水平和信息能力的行为矩阵，探讨各种信息下行为者的不同决策[25]。

20 世纪 70 年代，英国结构主义理论代表人物玛西（Massey，1983）从社会学角度探讨社会结构对企业区位选址的影响，指出空间规律和空间相互作用与社会结构有着紧密的联系[26]。20 世纪 80 年代，斯科特首次将交易成本理论引入城市空间布局，分析交易成本对空间聚集和分散的影响，揭示了现代工业的区位原则和城市空间形态演变的规律[27]。

20世纪80年代，竞争战略之父波特提出了著名的钻石模型。波特认为人力资源、天然资源、知识资源、资本资源、基础设施等生产要素；本国市场的需求；相关产业的支持；企业的结构、竞争力四个要素是影响企业竞争优势的主要力量，从而影响产业的区位分布[28-31]。库克（Cooke，2004）提出了区域创新体系理论。该理论认为区域内企业、大学、研究机构和地方政府等组成的主体要素；区域的制度创新、技术创新、管理创新和服务创新组成的功能要素；基础设施建设、保障条件以及政府调控等组成的环境要素构成了区域创新体系，而区域创新体系水平是产业空间集聚的主要原因[32]。

20世纪90年代至今，以克鲁格曼（Krugman，1991，1995）、维纳布尔斯（Venables，1996，1999）等为代表的新经济地理学在现代区位理论中占据主导地位[33-37]。新经济地理学认为产业的空间集聚是收益递增的外在表现形式，并采用非线性的动态研究方法系统地研究了经济活动的空间集聚规律和集聚的动力。他们认为地理是一个非常重要的市场和竞争因素。在研究中，他们彻底抛弃“比较优势”的传统观点，认为历史偶然事件、规模收益递增在产业区位形成中起到重要的作用。假定规模报酬递增、市场不完全竞争，采用迪克西特—斯蒂格里兹模型研究企业规模报酬递增、运输成本和生产要素在市场中的相互传导、相互作用。他们认为区域规模收益递增、空间距离之间的交易成本需要达到平衡，而这种平衡是产区区位形成的关键因素。同时，在历史偶然因素的作用下形成区位模式，在外部规模经济的刺激下，区位模式继续发展持续，形成路径依赖。不仅如此，在新的范畴下，沿用马歇尔的外部经济理论，将外部经济划分成技术外部经济和与外部市场密不可分的金融外部经济。因为，纯粹的数学模型分析不能脱离实际的环境，在真实的市场结构中，完全竞争和规模报酬不变的环境是不存在的。在分析中，市场规模导致的外部经济与技术溢出依然需要纳入分析，这依旧是影响区位的关键因素。不仅如此，丰富的劳动力市场结构、中间产品获利也是区位带来的好处。克鲁格曼的分析独创一格，在模型分析中采用的因素与以往研究中的因素有很大不同。通过将经济外部性分解为技术外部经济也就是纯粹的溢出效应和以市场为媒介的金融外部性，在研究中抛弃了技术溢出效应因素，技术溢出有较大的局限性，一般仅仅对高新技术产业以及依赖高新技术产业的服务业有效，对较多数的行业是无效的。而且，就现实而言，技术的溢出在一个小的区位范围内是无效的，往往技术溢出在区域上是国际层面或者国家层面的。在一个具体的集聚体内，技术溢出并不明显。与传统区位理论相比较，新经济地理学的区位选择理论主要有以下创新：首先，新经济地理学假设收入递增，而传统区位理论假定收入递减或不变；其次，新经济地理学在不完全竞争条件下构建数学模型，而传统区位理论假定市场是完全竞争的，更加符合经济背景；再次，新经济地理学不仅分析资源禀赋差异等外在区位因素对经济区位选择的影响，还注重分析集聚力的内在区位因子；最后，新经济地理学采用非线性的动态研究方法，建立一系列数学模型（如中心—外围模型、全球和产业扩散模型），期望对区域发展的影响模型等寻求经济活动的空间分布规律，从而将区位研究纳入了主流经济学。当然，克鲁格曼的区位理论招致很多学者的批评，有一部分学者认为，它是重复了韦伯、马歇尔以及其他较早时期经济学家的观点，如路径依赖。另外，克鲁格曼的理论更偏向于解释传统行业，无法解释对运输成本不敏感的高新技术产业区位分布现象，如现代服务业。

2.2.4 区位理论小结

以上论述主要对古典区位理论、近代区位理论和现代区位理论做了概括梳理。从区位理论的发展来看，早期的杜能农业区位论仅考虑市场距离对农业配置的影响，忽略自给性农业经营、周围土地利用等问题；并且现代技术和交通条件的改善使得杜能的农业区位理论缺乏实际的应用。随后，马歇尔的三大微观机制与韦伯的运费指向论、劳动指向论、集聚指向论为后续的实证研究提供了方法论和理论基础，对理论和实践起着重要的指导意义，但是其仍忽略了产业经营性质、技术变化、政策制度等因素对产业区位分布的影响。近代区位理论研究的是空间变动法则，把每个消费者看成一个经济人，认为每个消费者都会利用离自己最近的中心地，然而忽略了集聚带来的利益和交通发展和人口移动带来的中心地的变化。直到现代区位理论，学者们开始注意到信息、社会结构、交易成本、创新因素、人力资源、市场需求、交通、集聚因素等都有可能影响企业的区位选择，并建立了相关的理论。区位理论的发展变化历史表明区位选择会受到多种因素的影响，而且不同产业、不同历史时期、不同国家甚至是同一国家的不同区域，区位选择因素也会有差异。

2.3 区位分布的模式

企业受不同区位因素的驱动在地理上形成不同形式的分布模式。国内外学者从不同角度研究了产业区位分布的模式。本书主要从静态和动态两个角度对区位分布的模式进行详细介绍。

2.3.1 区位分布的静态模式

从静态角度看，区位模式研究中比较有代表性的成果是马库森（Markusen）于1996年提出的马库森区位模式。马库森通过案例调查、田野追踪法长期研究美国、日本、巴西和韩国的企业，根据企业区位分布特点以及相互之间的关系，定义了产业区位分布的四种模式[38]，如图2－1所示。

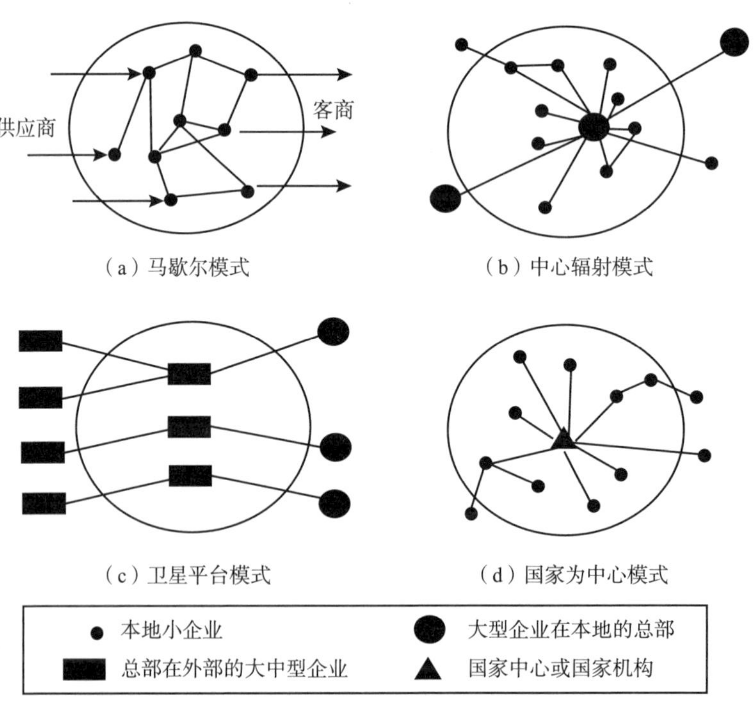

图2－1 马库森区位分布的四种模式

第一种是马歇尔产业区模式。在马歇尔产业区位模式下，力量均衡的、互相协作的小企业组成一个产业区，各企业是直接竞争关系或供应商的生产者关系。在区位中，没有任何一个企业具有控制整个产业区的能力，共同的市场决定了产业区集聚的力量和形状。这种模式是企业一种“自上而下”的由市场自发产生的模式。企业为了追寻技术外溢、专业劳动力和中间投入产品的共享（即马歇尔提出的外部规模经济）而自动形成。这种区位模式有强烈的社会文化背景，形成较强的网络辐射，这种区位模式一旦诞生和发展，就将产生较强的生命力，不仅本地政府需要发挥“顺势而为”的作用，在很多情况下本地政府财政也将大大依赖这种区位模式。例如，我国浙江、福建的许多小企业属于马歇尔产业区位模式。

第二种是中心辐射模式，在产业区中，有少数主导企业代表产业区的核心力量，并且周围围绕着许多小企业。在这种模式下，主导企业决定产业区的关系和发展。早期伦敦和南苏格兰金融服务业就属于中心辐射模式。这种区位模式也被称为“寄生关系网络区位模式”或“众星捧月区位模式”。中心辐射模式的形成往往是在一定范围内规模大、有影响力的企业吸引配套企业而形成。配套的中小企业在多数情况下依赖于规模大、有影响力的企业，中心和辐射之间是一种依赖、寄生的关系，辐射其实往往是大企业的供应商或者客商。大企业作为主导地位，小企业为大企业配套，小企业为大企业进行外包网络，通过垂直化分工形成专业化企业协作网络。因此，在多数情况下，为大企业进行配套生产或服务的中小企业发展很容易受到大企业的影响。当大企业搬离，小企业也随之撤离。这是在地理位置上的影响。同时，大企业和小企业的协作关系是单向的传递，很容易导致小企业缺乏足够的灵活性、创新性，导致小企业过度专业化和僵化，形成技术演化中的技术依赖问题。当产业区内面临市场和技术变革压力，产业区内的企业很难通过技术转型而存活。目前，我国青岛已经成为规模显著的中心辐射模式家电产业链。仅海尔、海信、澳柯玛三大龙头企业就带动了 800 多家配套企业的发展。许多国际和国内大企业纷纷把核心技术研发中心转移到青岛，从而搭建出一个集研发、制造、采购、物流于一体，辐射力巨大的产业平台。

第三种模式是卫星平台模式，在卫星平台模式中，部分企业选址于某些特定的区域以便从政府优惠政策或低成本租金、劳动力等中获利。卫星平台模式的一个典型特征是外部小企业之间没有任何联系，它们受远程的母公司的控制。20 世纪 80 年代以后，伦敦金融服务业前台业务和后台业务分离，形成卫星平台模式；英国西南部的金融服务业分布模式也属于卫星平台模式。在我国，这种区位模式在很大程度上是政策扶持和推动形成，并非企业自发形成规模。产业区内，各个企业的发展往往具有比较大的独立性，企业之间的联系比较薄弱，缺乏产业链上下游关系。同时，产业区内的网络和人脉网络受到很多行政干预。例如，在我国近几年如火如荼进行的高新区、大学科技园、数字产业园建设等，虽然在地理位置上形成了产业集聚，但是往往没有考虑到市场需求、市场饱和度；政府的人口政策、科技管理政策等行政管理政策与市场管理的冲突，阻碍了企业之间的自由合作与联系，严重影响了整个产业园的创新能力与发展。

第四种模式是以国家为中心的模式，在这种模式下，企业分布集中在公共的、政府的或非营利组织的周围，并且这些组织控制了产业区内企业的经济关系。以国家为中心的模式和中心辐射模式的主要区别在于，以国家为中心的区位分布模式不受私人部门的控制。印度班加罗尔服务业区位分布就属于这种类型。班加罗尔能够吸引高科技企业 5000 多家，软件企业 1400 多家的主要原因在于，班加罗尔被称为印度的“科学研究之都”和“科学之城”。这里分布了 10 所高等学校，70 多所技术院校，28 个国家级和联邦级的研究机构。在全球软件开发评级 CMM 中，最高级别是五级，印度共拥有 58 家五级企业，而其中的 33 家企业就坐落在班加罗尔。

科诺加林和斯塔默（Knorringa & Stamer，1998）对发展中国家产业分布区位进行深入调查研究，在马库森区位分布模式的基础上提出了适用于发展中国家特色的三种区位分布模式，分别是意大利产业区位模式、卫星式产业区位模式和轮轴式产业区位模式[39]。在意大利产业区位模式中，中小企业数量较多，企业具有较强的专业性，地方竞争激烈，企业之间的合作主要是基于信任展开。优点表现在柔性专业化，产品的质量较高，有较大潜力的创新能力。但是，企业发展的路径依赖明显，当经济环境和技术发生突变时，企业的适应较为缓慢。卫星式产业区位模式的主要特点是：区位中中小企业数量较多，区位中企业的发展依赖外部企业，劳动成本低廉。优点表现在成本具有显著的优势，技能和隐性知识传递较快。但是，产品的销售和新技术、新技能的创新投入主要依赖于外部，从而竞争力较弱。轮轴式产业区位模式的主要特点是区位中具有大规模的地方企业和中小企业，区位中存在明显的等级制度。主要优点表现在：产品柔性、大规模地方企业和中小企业集聚、有利于降低成本。同时，大企业在区位中具有举足轻重的作用，因此整个区位的经济利润都依赖于大企业的绩效，大企业绩效是整个区位经济的晴雨表。如果大企业衰退，整个区位开始倒退。当大企业与小企业合作，能帮助小企业获得发展，增加小企业的实力，使小企业迅速发展[40]。

洛伦佐尼（Lorenzoni，1999）根据企业内部之间的联系结构，认为非正式的星群结构、正式星群结构、计划星群结构、企业网络、企业集团是企业区位发展的五种主要结构[41]。在非正式的星群结构中，领导企业占主导地位，指导着项目设计、装配与商业化，其他企业处于别动位置，降低成本是区位内中小企业生存的主要目标。在正式星群结构中，领导企业仍然占据主导地位，中小企业的地位也慢慢提高，中小企业处于觉醒阶段，意识到中小企业的结构与行为对区位的整个发展都有重要的作用，中小企业与领导企业关系慢慢密切，信任、依赖关系越来越强，价格因素的影响下降。在计划星群区位结构中，领导企业在区位中主要负责协调、战略规划、提供关键服务与投资。卫星企业之间的联系更为紧密，企业之间通过调适与创新，提高竞争力。在企业网络结构中，领导企业提供战略服务，其他企业与领导企业的关系更为主动，互动性更强。在企业集团区位结构中，领导企业提供战略服务与融资，其他企业不再是简单执行领导企业的指引，开始具有创新力和创新精神，注重人才、注重生产效率。

戈登和麦肯（Gordon & McCann，2000）从纯粹生物学角度出发，提出纯粹式集聚、产业综合体式集聚和社会网络式集聚三种区位分布模式。纯粹式集聚的区位分布模式中，厂商之间只是由于地理接近而互相获利，因此衍生出专业化、独特的经济文化。产业综合体式集聚的区位分布主要是由于技术关联而形成的区位集聚。社会网络式集聚区位分布模式是以人际信任导致的区位集聚[42]。

我国学者任寿根结合我国产业发展的实际情况，在意大利产业区位模式、卫星式产业区位模式和轮轴式产业区位模式的基础上增加了一种产业区位模式，即新型产业区位模式。新型产业区位模式适应于现代服务业和高新技术行业。这一类型企业的主要特点是企业具有高创新性，注重品牌效应，并且信息的传播极为重要。但是容易受到外界环境影响，形成恶性竞争[43]。

我国学者仇保兴将产业区位分布划分为三种类型，即市场型、中卫型和混合网络型。区位内，企业之间处于平等地位、各生产厂通过水平关系完成整个产品的生产，这是市场型区位的主要特征。区位内，大企业处于中心位置，众多小企业围绕大企业生产、协调，从事上下游工作，这是中卫型区位的主要特征。区位内，信息联系取代原有的物质联系，计算机设计、机械化生产制造等柔性方式进行生产，这是混合网络型的主要特征[44]。

2.3.2 区位分布的动态模式

从动态的角度讲，企业的区位分布模式是指企业的空间分布模式一旦形成，并不会一成不变，会由于技术间断、消费者需求变化等外部环境，过度合并、卡特尔、群体思维抑制创新等内部原因，进行动态演化。在不同的发展阶段，区位分布模式有不同的特征。

最初，波特（1998）认为产业区位模式发展遵循三个阶段：诞生、发展和衰亡。他认为区位分布形成之后就处于动态发展中，它可能由于技术间断、消费者需求、过度合并、思维僵化等原因而失去活力，最终走向解体。

斯旺（Swan，1999）从动态角度探讨了企业分布的变化，将生物学的共生理论运用于区域经济学，探讨企业间的相互作用关系[45]。

斯旺的生命周期演化理论认为，自然界中存在各种各样的生物群落，每一个生物群落都在一定的价值链下共同生存、协同演化。在经济领域里，企业之间的相互关系正如同生物群落中各生物之间的关系。企业在各类因素的驱动下形成产业集群，共同生存、协同演化，因而产业集群有其生命周期。斯旺借鉴生物集群的演变规律，将产业集群的生命周期划分为四个阶段：萌芽、成长、成熟和衰退，并详细分析了产业集群各个阶段的特征，如表 2－5 所示。

表 2－5　集群的生命周期演化

阶段	特征
萌芽	企业数量少、规模小、结构零散；企业仅仅是空间上集聚在一起，企业之间的协作能力不强，还没有形成产业关联，不存在分工合作，没有横向和纵向联系。企业创新的功能还不够，缺乏必需的中介服务机构，没有形成专业化的劳动力市场

续表

阶段	特征
成长	企业的数量、规模逐渐增大；产品的市场份额扩张；分工出现，产业链出现并逐步完善；企业的集聚降低了交易成本和生产成本，提高了劳动生产率，降低了技术创新的风险；企业外部链接的网络创新功能增强；产业区内劳动力市场日益丰富与合理，高素质的技术和管理人才选择的自由度增大
成熟	集群内拥有数目众多的企业，企业数目的增长率逐渐降低，配套的产业群发展成熟。企业横向、纵向联系紧密；企业之间既合作又竞争，形成了一个坚实、稳定、密切的网络关系。产业区内部有利于创新的环境基本完善，产业区进入良性循环，领导行业发展的航向。劳动力市场非常充分，流动频繁，并出现溢出现象
衰退	集群过度拥挤、过度竞争增加了生产成本，降低了经济利润；市场恶化、路径依赖与技术锁定降低了创新动力，影响产业集群的竞争力，集群逐渐走向衰退。劳动力市场继续存在，但高素质的技术和管理人才转移到新的行业或其他区域

在一个地理空间范围内，企业为了获得持续成长的能力，在数量上必须达到一定的临界规模，这就是集群的萌芽诞生阶段。这个阶段的特征表2－5中已经清楚表述，此处不再详述。集群的吸引力逐渐增强，当集群的规模超过临界规模之后，集群的竞争力迅速增强，集群处于快速成长阶段。随着新企业的驻入，集群接近饱和，增速减慢，同时也有企业离开，企业数量趋于稳定，集群进入成熟阶段。当空间范围内的企业数量超过某一限度时，会恶性竞争或者要素价格上涨，小企业开始倒闭破产，大企业选择离开集群，集群开始慢慢衰退。

2.3.3 区位分布模式小结

从静态模式看，马库森给出了区位分布的四种静态结果，对后面学者的研究产生了非常重要的影响。后续国外学者的研究大都在马库森研究的基础上展开，对马库森区位分布模式进行进一步的细化和应用。而斯旺从动态的角度做了更进一步的阐述。透过斯旺的生命周期演化理论，可以认为任何一种马库森或其他新型区位模式都不会一成不变，它们都只是企业集合的生命周期演化到某一个阶段的静态结果。因此，应该持有动态的观点分析产业的区位模式。

2.4 服务业区位选择的实证分析

以上述区位理论为基础，国内外学者结合不同地区、不同产业的特性对服务业区位选择进行了一系列实证研究。

2.4.1 国外相关研究

戴马斯克（Damesic，1986）以英国服务业为研究样本，分析区域经济、劳动力转移对服务业布局的空间影响[46]。丹尼尔斯（Daniels，1991）以韦伯工业区位论为基础，结合社会结构特征，发现集聚经济、传统和威望等因子与生产性服务业空间布局、城市空间布局有显著关系[47]。肯姆（Kirn，1992）通过考察美国四大都市服务业的增长与变化，发现服务业的空间结构越来越相似，服务业空间布局，尤其是商业和专业性服务业、金融业、保险业和房地产业受人口增长向非大都市转移的影响[48]。奥布莱恩（O'Brien，1990）、奥德尔（Odell，1992）和马丁（Martin，1999）等经济地理学家认为科技进步、货币电子化、金融创新以及金融管制的放松，使金融地理区位的选择不再重要，认为金融服务业将呈分散化发展[49-51]。乌拉哈林（Uallachain，1991）和龚红棉（Hongmian Gong，2002）分别探讨商业和专业服务业的区位定价问题，指出城市区域经济的增长虽然在一定程度上加强、促进了服务活动的创新能力，但商业和专业服务业近年来出现郊区化的趋势[52-53]。伦德马克（Lundmark，1995）以瑞典计算机服务业为研究对象，发现20世纪80年代以前，瑞典的计算机服务业集中在大都市，但之后空间布局出现扩散趋势。空间布局与邻近市场有较大关系，这表明计算机服务业的布局与市场占有策略密切相关，而与传统区位理论中强调的市场距离、运输成本关系较小[54]。伊列雷斯（Illeris，1996）采用北欧各国生产性服务业数据，发现1991年以前北欧各国生产性服务业主要集中在各国的政治经济文化中心，便利设施、政策支持和信息技术等是生产性服务业空间布局的重要影响因素[55]。奥尔迪（Airoldi，1997）通过对米兰生产性服务业进行研究，发现金融服务业和会计业主要集中在城市CBD，其他服务业主要集中在三环，不同类型的服务业有不同的集聚区，并且均出现向外围扩散的趋势[56]。赛尔（Searle，1998）研究 20 世纪 80 年代温哥华服务业空间集聚规律，发现尽管租金和交通拥挤在一定程度上促进商务服务业的离散化趋势，但大部分服务业仍然保留在 CBD 中心城区，呈现“中心—外围”结构。蒙特利尔的地理数据进一步表明，1981 ~ 1996 年计算机、管理咨询和广告业增长迅速，CBD 商业区虽有一定流失，但仍然保持核心地位，空间布局上呈现出“核心—多中心”结构[57]。西拉特（Sirat，1998）研究马来西亚吉隆坡生产性服务业空间布局的演化，表明全球市场力量和国家发展政策如何重塑生产性服务业地理空间布局[58]。科菲（Coffey，1998）和希目尔（Shearmur，2002）的研究发现金融业等高端服务业主要集中在特大城市，一般为国家的政治经济中心。但历经长时间的发展，多中心逐渐出现，并慢慢发生扩散[59-60]。班尼特（Bennett，1999）通过实证研究发现英国商业的区位分布极不平衡，较之其他服务业，商业服务业出现更强的集聚趋势，伴随规模报酬递增，商业服务业越来越区域化，出现集群发展[61]。斯坦因（Stein，2002）从社会文化角度出发，认为生产性服务业的空间布局与社会文化的邻接性相关，社会文化的接近性有利于形成共同的价值观、共同的信念和默认的理解[62]。威特灵（Weterings，2003）、彼得森（Pedersen，2006）之后分别以荷兰和丹麦计算机服务业为样本，支持了伦德马克（Lundmark）的研究[63-64]。潘迪特、库克和斯旺（Pandit，Cook & Swan，2002）通过研究英国广播业和金融服务业的区位变化，表明虽然集聚仍然是广播业和金融业的主要空间组织方式，但随着管制放松、信息技术的迅速发展和金融业的全球化，扩散化趋势慢慢显现[65]。博登曼（Bodenman，2004）研究 1983 ~ 2003 年间费城咨询业空间组织结构，发现随着咨询业规模的扩大，其在中心商业区的规模逐渐缩小，有着向周边扩散的趋势[66]。布瓦特（Boiteux，2004）对巴黎服务业空间布局进行分析，研究发现金融、保险、法律、会计和广告业主要聚集在 CBD 区域，建筑服务集聚在 CBD 以外的区域，信息咨询和数据处理集聚在外围区的内环，研发和工程服务集聚在外围区的外环，接近客户、交通通达性、劳动力市场、成本和环境是影响服务业空间布局的重要因素[67]。福尔曼（Forman，2005）等着重讨论了信息技术对金融服务业空间布局的影响。指出信息技术，尤其是互联网技术的发展已经跨越国际边界和不同类型的金融服务，带动全球合并的投资。超级金融大鳄的合并将变得越来越频繁，以满足顾客对金融服务的一站式购物需求，信息技术促使集聚更加巩固。同时，某些补充资源，如IT熟练劳动力更倾向于聚集在城市[68]。加勒森、迈克尔和马丁（Garretsen，Michael & Martin，2009）通过梳理金融服务产业集聚文献和案例分析指出，随着信息技术的发展，金融资本必将集中于少数几个地区或金融寡头，而金融服务业的外包业务诸如呼叫中心将呈分散化发展[69]。

从上述实证研究可以发现，国外研究分别以古典区位理论、近代区位理论和现代区位理论为基础，结合不同服务业特征，分别研究了集聚因子、人文因子、经济因子、劳动力因子、人口流动、信息技术、政策、交通因子等对服务业区位选择的影响。研究发现，计算机服务业、金融服务业等高端服务业的区位选择因素与传统区位理论中强调的交通运输因子关系较小。高端服务业空间布局已出现向非中心区位扩散的趋势。“中心—外围”“核心—多中心”的空间结构已逐渐成为服务业区位分布的主要形式。文献中，奥布莱恩、奥德尔、马丁、福尔曼和加勒森等经济地理学家着重强调了信息技术对高端服务业尤其是金融服务业区位分布的影响，信息技术对金融业区位的影响是一个值得持续研究的主题。

2.4.2 国内相关研究

在国内，有关服务业区位分布与影响因素的研究也产生了较为丰富的成果。张文忠研究不同类型服务业的区位特征，发现服务业有向大城市和商业中心集聚的趋势[70]。宏俊杰研究中国上海外国后勤服务业区位选择，发现选址倾向于中心商务区附近，因为中心商务区临近客源，交通便利和优越的基础设施条件[71]。

马风华对信息技术、金融、咨询业等11个服务行业进行集聚测度，发现2002年以前我国服务业并没有出现明显的集聚趋势，但之后集聚程度逐渐增强[72]。林彰平研究广州金融服务业空间布局动态过程，发现金融服务业呈现新区扩散和中心区集聚的格局[73]。胡霞和魏作磊采用地理空间计量模型等定量分析方法静态研究我国服务业地理空间分布规律，从城市层面看，目前呈现明显的“中心—外围”地域分布特征；从国家层面，已形成以东南沿海为核心、西部和西南地区为外围的发展格局，并在此基础上探讨地理空间差异的影响因素[74]。李井奎等采用浙江省11地市数据验证了浙江省服务业已出现集聚趋势，并且服务业空间分布与城市经济发展有较大关系[75]。李文秀通过服务业二维评价模型对比美国和中国服务业集聚状况，发现中国大部分服务业已出现集聚趋势，但与发达国家相比，中国服务业集聚程度仍然偏低[76-78]。甄峰研究南京生产性服务业的动态过程，发现金融、广告服务业、信息服务业相互依赖，主要集中在新街口、珠江路、南大和东大一带[79]。赵露璐的研究发现上海生产性服务业呈现“中心—核心区—中心外围区—郊区县”四个等级层面，近年逐渐出现从中心区向外围扩散的趋势，表现出一定的空间均衡化发展[80]。陶纪明从空间视角研究上海生产性服务业的集聚特征，发现上海生产性服务业的空间布局呈现“卫星平台”的集聚模式[81]。赵群毅采用经济普查数据，发现北京中心城区生产性服务业增长速度缓慢，近郊区快速增长，但至今没有出现明显的空间分散特征[82-83]。申玉铭对北京和上海的生产性服务业空间分布进行了对比研究，发现不同类型服务业、不同发展阶段的空间分布存在差异，但都出现空间集中与分散化并存的趋势[84]。刘曙华和沈玉芳以广州市为例，研究生产性服务业区位选择与区域经济发展之间的关系，发现生产性服务业选址偏好经济发达区域[85-86]。陈殷和李金勇分析生产性服务业区位选择的影响因素，指出除传统区位选择因素之外，集聚因素在生产性服务业区位选择中起着重要作用[87]。王松涛、郑思齐和冯杰通过 Hedonic 分析发现北京市公共服务设施的空间布局在一定程度上与商品住房价格关系密切，这为中国服务业区位选择提供了一个独特的视角[88]。邵辉以北京市生产性服务业为例，探讨北京生产性服务业集聚的影响因素，得出市场规律、政府规划和城市特色是北京市生产性服务业空间布局的重要影响因素[89]。方远平以传统区位理论为基础，构建了服务业区位因素体系，将服务业区位选择的影响因素分解为经济区位因子、空间区位因子、信息区位因子和人文区位因子四大类[90]。

2.4.3 小结

从以上文献看，我国对服务业区位分布的研究起步较晚，大部分研究出现在 2000 年以后。现有研究主要有以下特点与不足：首先，注重静态描述，现有研究多注重描述服务业区位分布的现状，例如，“中心—外围”地理分布，缺乏动态研究，没有深入挖掘各阶段服务业区位分布的影响因素。其次，对金融服务业区位分布的研究较少，至今没有建立金融服务业区位因素体系，信息技术对金融业区位分布的影响还远未涉及。最后，有关金融业区位分布的研究主要集中在案例归纳，缺乏系统的理论分析框架、定量模型检验。因此，信息技术对我国金融业区位分布的影响值得深入研究。

2.5 信息技术投资价值文献综述

信息技术被认为是现代经济增长的关键驱动因素，信息技术投资意味着降低成本、提高劳动生产率和提高人民生活水平。然而有证据表明，信息技术不一定对经济增长产生正的经济效应。20 世纪 70 年代以来，世界经济增速放缓，但是信息技术支出一直在持续增长。尤其引人注目的是日本，生产率由 1970 年的 8% 下降到 1985 年的 2.5%，但计算设备的年增长率为 18.1%[91]。美国信息技术投资比重从 1960 年的 17% 提高到 1992 年的 36%，但是，根据莫里森和贝恩特（Morrison & Berndt，1990）的研究测算结果，这一阶段内计算机每一美元的投资只能产生 0.8 美元的回报，表明信息技术投资的低效[92]。这一现象引起管理学家、经济学家和政府的共同关注，在学术界被称为著名的“信息技术生产率悖论”。

2.5.1 国外相关研究

在过去的二十多年里，罗夫曼、贝里、布林约夫松、贝恩特等学者对信息技术生产率悖论问题展开持续研究。罗夫曼（Loveman，1988）通过选取 60 个制造业部门的样本数据，采用一般最小二乘回归法估计生产函数中的未知参数。估计结果显示，在所有样本中，信息技术对产出的贡献几乎为 0。这一研究表明尽管企业偏好投资信息技术，但信息技术对生产率的贡献是不显著的[93]。贝里（Baily，1986）采用 1955～1979 年制造业部门数据进行研究，结果表明美国各制造业部门劳动生产率持续下降，IT 投入却持续增长，劳动生产率与 IT 投入呈现负相关[94]。布林约夫松（Brynjolfsson，1993，1996）研究发现，美国 IT 投入中，68% 投入服务业部门，32% 投入制造业部门，但是这一时期内，制造业部门劳动生产率大大高于服务业部门，为信息技术生产率悖论提供了又一证据[95-96]。20世纪70~90年代，有关信息技术生产率悖论的类似研究列在表2-6中，企业层面、行业层面、国家层面和跨国家研究陆续显示，没有证据表明信息技术能显著提高生产率，20世纪90年代以前的研究结果基本支持信息技术生产率悖论。

表2-6　信息技术生产率悖论研究

研究者	研究样本	样本时间
贝里（Baily，1986）[94]	美国	1955~1979年
奥林斯和希尔（Oliner & Sichel，1994）[97]	美国	1970~1992年
克莱默和德迪斯克（Kramer & Dedirck，1994）[98]	12个亚洲国家	1984~1990年
威尔逊（Wilson，1995）[99]	17个发达国家	1985~1992年
乔根森（Jorgenson，1999）[100]	美国和加拿大	1970~1990年
施赖尔（Schreyer，2000）[101]	G7国家	1980~1996年
德万和克莱默（Dewan & Kraemer，2000）[102]	36个发达国家和发展中国家	1985~1993年
古斯特和马库兹（Gust & Markuez，2002）[103]	9个OECD国家	1980~2000年
达韦里（Daveri，2002）[104]	13个工业化国家	1992~1999年
艾克（Ark，2002）[105]	美国和欧盟	1992~2001年
卡特里（Khatri，2003）[106]	欧盟	1980~2000年
维杰塞拉（Vijsellaar，2004）[107]	9个东南亚洲国家	1992~1999年
贝切蒂和阿德里亚尼（Becchetti & Adriani，2005）[108]	65个发达国家和发展中国家	1985~1997年

然而，最近的一些研究为反驳信息技术生产率悖论提出了有力的证据。经济学家乔根森和布雷斯纳汉，甚至以前的怀疑论者，如贝里和希尔，一致认为信息技术对生产率产生正的、显著的、持续的影响。巴鲁阿和克里贝尔（Barua & Kriebel，1991）通过追溯信息技术的使用过程检验信息技术对中间变量的贡献，如产能利用率，库存周转率，质量控制、价格和新产品引进，研究发现信息技术与其中三个中间变量存在正相关关系，但是由于这种影响太小而不能显著影响资本收益率和市场份额[109]。西格尔和格里利斯（Siegel & Griliches，1991）收集多行业数据检验传统生产函数的估计偏差。研究发

现20世纪80年代信息技术投资与生产率增长存在轻度正相关。但他们没有采用更多的方法进行检验，困扰他们的部分原因是数据和政府测量技术的可靠性[110]。奥林纳和西切尔（Oliner & Sichel，2000）分析20世纪90年代中后期美国快速增长的GDP主要是劳动生产率的回弹效应所致，指出信息技术在劳动生产率中的作用增加到1.1%。并且美国并非唯一受益于信息技术投资的国家[111]。科勒奇亚和施雷耶（Colecchia & Schreyer，2002）通过研究9个发达国家的经济数据表明信息技术对经济增长的积极影响；从20世纪90年代中期开始，信息技术对经济增长的贡献由每年的0.3%增加到0.9%[112]。

随着信息技术投资在服务业部门份额的增加，研究者开始关注信息技术对服务业劳动生产率的影响。第一个对服务行业信息技术生产率展开研究的是克朗和索伯（Cron & Sobol，1983），他们通过收集零售商数据，发现信息技术对生产率的影响并不直接，信息技术似乎与企业管理相关[113]。这项研究支持信息技术能加强现有的管理方法，帮助形成组织有序的管理的假设。帕森斯和戈特利布（Parsons & Gottlieb，1990）等估计加拿大银行业生产函数，发现1974~1987年，信息技术对银行业生产率的贡献微弱，但在未来金融业信息技术的投资仍将迅速增长[114]。弗兰基（Franke，1987）也做出了类似结论，表明信息技术虽然与资本生产率的下降和劳动生产率的停滞不前相关，但仍然对未来信息技术的潜力表示乐观[115]。哈里斯和卡茨（Harris & Katz，1989）通过采用寿险管理协会信息处理库保险行业数据，发现信息技术投资比重与保险行业绩效之间存在较弱的正相关关系[116]。阿尔帕和肯目（Alpar & Kim，1990）指出，用于评估信息技术效应的计量方法也有可能影响结果，他们对同一组数据分别采用关键比率和基于微观经济学的成本函数方法进行测量，研究发现关键比率方法的误差较大[117]。卡洛斯和詹姆斯（Carlos & James，2002）则考察了墨西哥银行业IT费用投入与银行利润、效率、产出及业绩之间的相关关系，发现银行IT费用投入率与银行业绩及产出有正相关关系[118]。

在检验信息技术生产率悖论的同时，学者们对引起信息技术生产率悖论的原因也作了深入探讨，国外关于信息技术生产率悖论的原因主要归结为以下四点：第一，投入与产出度量的误差；第二，信息技术对生产率影响的延期；第三，利润的再分配和散失；第四，信息技术管理不善[119-121]。

信息技术管理的不善引起管理学家和经济学家从互补的角度研究信息技

术投资效益。如果将一个生产系统中的两个或多个经济因素联合起来产生的价值大于这些经济因素独立产生的价值之和，那么互补作用就存在。巴鲁阿（Barua，1991）首次引入“价值互补”概念，发现当考虑互补因素时，信息技术投资的回报比单独选择时增加得更多[122]。哈里森（Harrision，1996）构建了互补因素信息技术投资回报影响的理论模型，这些互补因素包括新的工作组织、新的生产技能和新的设施[123]。希特（Hitt，1997）实证检验了分散的授权制度、相关的人力资源对信息技术投资回报的互补作用[124]。布林约夫松（Brynjolfsson，2000）指出先进的产品流程、先进的产业组织结构是信息技术贡献的主要驱动力量[125]。阿方森（Alfonson，2003）等人发现，信息技术和互补的人力资源及管理因素结合与公司最终取得的成果有较大关系，信息技术与先进的管理、良好的经济背景和优秀的人力资源等互补因素结合，能实现更佳优势[126]。

2.5.2 国内相关研究与不足

国内有关信息技术生产率悖论研究起步较晚，而且相关研究远没有国外丰富和系统。汪淼军和张维迎通过浙江省 1000 多家制造业企业问卷调查数据，基本验证了企业生产绩效、企业竞争力、企业创新能力与信息技术投资存在正相关关系，企业绩效提高的关键在于信息技术与企业组织行为的良性互补作用[127]。熊伟和骆雅洁收集广州 37 家高星级酒店问卷调查数据，通过多元回归分析、相关分析等方法分析信息技术对酒店业绩的影响，实证结果表明，客人相关界面信息技术应用是影响酒店业绩的最关键因素[128]。李治堂和吴贵生通过收集 1999 ~ 2004 年中国 200 多家上市公司财务数据，采用广义最小二乘法研究我国信息技术生产率悖论问题。研究结果表明，信息技术投资能显著提高主营收入、净利润等绩效指标[129]。王雪萍和张成虎通过对 1997 ~ 2005 年间 12 家商业银行的数据采用回归方法研究信息技术投资对银行营利性的影响，发现信息技术资本对银行业整体营利性具有正面影响，但信息技术资本对银行营利性的贡献程度与信息技术资本的比重没有必然联系[130]。张成虎等以 ATM 安装数量作为信息技术投资的衡量，对我国 14 家商业银行 1995 ~ 2002 年的数据进行了实证分析，发现整体上 ATM 投资对四大国有商业银行和其他股份制商业银行的营利性有促进作用[131]。雷小清采用增长核算方法对 1980 ~ 2003 年部分经济合作与发展组织（OECD）国家的服务业和制造业生产率增长进行了贡献率分析，研究结果发现信息技术资本加深对服务业劳动生产率增长的贡献要高于对制造业的贡献[132]。李治堂基于互补理论，以上海证券交易所 1000 多家上市公司为样本，实证检验了制造业和服务业信息技术、人力资本及两者的交互作用对公司绩效的影响[133]。张之光和蔡建峰基于柯布—道格拉斯生产函数的随机生产边界模型，采用我国 IT 资本投入数据和经济增长数据从宏观层面验证了“生产率悖论”在我国国家层面并不存在，IT 资本投入促进我国经济发展与生产效率[134]。杜传忠通过梳理 1987 年以来“信息技术生产率悖论”的主流研究观点，指出伴随着互联网经济、大数据技术、人工智能等信息技术的持续发展，信息技术与经济的深度融合，信息技术对经济生产率作用的实证分析也在不断增加[135]。如何测算信息技术对产业生产率的影响将是“索洛悖论”研究的热点之一。20 世纪初，国内有关信息技术生产率悖论的相似研究列在表 2 - 7 中。

表 2 - 7　　国内信息技术投资价值研究

研究者	研究样本	样本期间
张成虎和王雪萍（2006）[131]	14 家商业银行	1995 ~ 2002 年
林丹明和梁强（2007）[134]	制造业 A 股上市公司	2001 ~ 2005 年
王立彦和张继东（2007）[135]	70 家上市公司	2007 年
赵泉午和黄志忠等[136]	92 家沪市上市公司	1993 ~ 2003 年
汪淼军和张维迎等（2007）[127]	浙江 692 家民营企业和 261 家国有企业	2003 年
李治堂和吴贵生（2008）[129]	200 多家上市公司	1999 ~ 2004 年
王雪萍和张成虎[130]	12 家商业银行	1997 ~ 2005 年
张莉（2011）[137]	200 家上市公司	2001 ~ 2008 年
熊伟和骆雅洁（2012）[128]	广州 37 家酒店	2010 年
李治堂（2009）[133]	1000 家上市公司	1999 ~ 2004 年
雷小清（2011）[132]	欧盟六国服务业数据	1980 ~ 2003 年
张之光和蔡建峰（2013）[134]	国家 IT 投入数据、经济增长数据	1997 ~ 2011 年

目前，金融信息化已成为金融发展的必然趋势，国外学者陆续从企业层

面、行业层面、国家层面和跨国家层面展开了金融业信息技术投资价值研究，而我国相关的研究较为缺乏。因此，研究金融服务业部门信息技术生产率悖论，探讨信息技术投资回报的互补因素，不仅可以检验在我国金融服务行业是否存在所谓的“生产率悖论”问题，丰富该领域的理论研究；还可以帮助我们根据信息技术的互补因素更好地管理信息技术投资，提高金融服务业竞争力，从而为我国金融中心的建设提供理论支撑。

| 第3章 |

中国金融业区位分布特征分析

3.1 引　　言

金融中心是构成区域层面、国家层面甚至是国际层面金融中心体系网络结构和信息输出输入结构的重要结点。金融中心在区域金融体系中扮演着必不可少的重要位置。金融中心最初的形成、动态发展与多种因素相关，包括历史因素、区位因素、政治因素，等等。根据金融中心信息腹地范围的差异，金融中心可以分为四种情形：省市一级金融中心、国内地区性金融中心、国家金融中心和国际金融中心。

省市一级金融中心的服务对象是本市或者本省，在地理上的范围也是本市或本省。省市一级金融中心能为本地企业、居民提供金融信息和金融服务，从而通过金融资源的流动为本地经济发展给予支持。促进本省市经济发展是政府工作的重要目标，而经济发展本身就是对稀缺金融资源的竞争过程，实现资源的有效配置。国内地区性金融中心跨越了省市行政边界，使金融资源的高速流动、有效配置得以在跨省市之间实现。国内地区性金融中心不仅以国内金融体系为背景，而且是所在地的地区经济枢纽。工作的重心不仅仅是金融服务，更重要的是提供金融信息，实现信息的快速流动与传播。一般来说，地区性金融中心具有强大的信息资源集聚效应，大量的外资由于寻求利益与保护在行政允许的范围内迅速进入本地。同时，地区性金融中心具有高速、有效的资源配置机制，而高效率、有效的资金使用也促进本地经济发展，形成相关产业链。国家金融中心满足全国范围内的金融服务需求，促进金融资源、金融信息在全国范围内合理配置与高速流动。当一个城市成了国家金融中心，意味着这个城市的金融信息、金融服务能突破国内所有行政边界，在全国范围内进行配置和流动，对全国的金融配置、金融流动都产生举足轻重的影响。国际金融中心的出现具有一定的外部条件和内部条件。从内部讲，首先需要拥有和谐的金融体系、高效率的金融网络、稳定的货币、相当规模的潜在金融市场和充足的专业人才。其次，所在国经济发展过程中产生了外部金融增加的需求，则在一定的机遇下，国家金融中心有可能成为国际金融中心。

区域的金融中心在经济发展过程中起到重要作用。第一，具有引导功能。资本的持续注入是一个地区或者一个国家经济增长的重要源泉。而储蓄是资本最基础的来源。如何引导储蓄向投资转化，为资金交易者提供媒介，加速资本形成和资本积累，进而促进经济长期稳定地发展。第二，拉动功能。金融中心形成之后，资本的积累和劳动的集中拉动区域外资金的集聚，促进经济发展，拉动大量人才，促进技术创新和进步，进而促进区域经济增长，提高经济增长的质量和总量。第三，信息获取功能。能否传递金融信息、是否金融信息腹地是决定一个区域是否成为金融中心的关键因素。充分的金融信息决定能否产生金融套利活动。从某种程度上说，及时了解、掌握我国第一手金融政策、国际政策与金融形势，是金融能否盈利的关键因素。只有更加的接近信息源，才能充分了解信息，掌握准确信息，而所有的金融机构都集中在金融中心体系中。同时，在金融中心里，金融机构较多，是金融信息的集聚地，同时也是金融信息的扩散中心，在这里信息能更容易地传递与扩散。各类人才集聚于此，增加人才之间的交流与流动，更利于创新思维的激发与产生。第四，具有极化功能。极化是指企业活动、经济增长一般先出现在某个或者某几个增长极点，然后以不同的渠道、方式、速度先后向外扩散，对周围的经济、企业活动产生影响。一般来说，金融中心最典型的特征就是形成集聚中心，然后向外扩散，产生客观的外部经济效益。金融中心产生强大的凝聚力，使资金、人才等各种生产要素不断地涌入金融中心，形成带动经济发展的火车头。

金融中心如此重要，掌握现代区域经济的命脉。然而，有关金融服务业区位分布的研究一直是经济学、地理学家研究的薄弱环节，国内对金融服务业区位分布演化趋势的研究成果较少，实证研究更不多见。从现有文献看，张杰在经济发展“威廉姆森倒 U 形假说”的基础上提出了金融差异分布的趋同假说，认为我国区域金融差异也将呈现倒 U 形[138]。周立采用 1978 ~ 2000 年金融机构存贷款/GDP 的比率数据研究中国金融发展的地区差异，发现中国金融发展存在不平衡现象[139]。朱建芳使用 2002 ~ 2004 年数据，借助变异系数和泰尔指数两种方法分析各省金融发展差距，发现 20 世纪 90 年代以后中国东部、中部和西部的金融差距出现明显上升[140]。金雪军采用 1978 ~ 2003 年的有效数据进行系统研究，发现与国外区域金融差异的倒 U 形曲线不同，我国区域金融差异呈现三次曲线的变动趋势[141]。陆文喜和李国平采用 β 收敛法论证我国区域金融差异的收敛性，认为我国金融发展不仅存在阶段性和区域性，在各区域内还存在俱乐部收敛特征[142]。沈丽采用 Dagum 基尼系数方法进行测算，发现近年中国金融发展的差距呈现扩大趋势[143]。另有唐旭、殷德生、肖顺喜、郑长德、田霖等各从不同角度对中国区域金融发展差异进行了描述和概览式刻画[144-147]。总体上看，上述文献横向描述丰富，注重区域差异比较及分析区域差异影响因素；但追随时间序列的长期跟踪和研究有所不足，大多研究对象的时间跨度有限；另外，指标选取上，前期的研究中大多以银行业比率指标为主，忽视保险业和证券业发展；此外，在我国金融服务业发展水平总体较低的情况下，采用比率指标进行计量研究，极可能因为数据质量的准确性而影响计量结果。

因此，本章拟采用全面的指标体系、合适的统计方法系统研究我国金融服务业区位分布特征，以便深入挖掘各阶段我国金融服务业空间分布的区位影响因素。这对认识我国金融服务业区位分布的历史、现状和未来，厘清金融服务业区位分布的影响因素有重要的意义。

3.2 区位分布的测度

金融区位分布究竟如何，是否已经形成集聚，形成金融中心，需要我们用科学的方法进行判断。判断的方法有很多，世界各国采用不同的方法和标准进行判断，至今还没有达到统一。一般来说，有三种思路和六种识别辨认方法。具体如表 3 – 1 所示。

表 3 – 1　　识别区位的分析思路与方法

分析思路	识别辨认方法	研究层面	资料来源	研究内容
自上而下定量分析	区位分布测度指标方法	中观层面	各地统计年鉴 区域经济年鉴	某个行业的集中程度、专业化程度
定性分析	波特案例分析方法	微观层面	企业数据、国民账户数据	影响行业集中的关键因素
定量分析	投入产出分析方法	宏观层面 中观层面	各地投入产出矩阵数据	主导产业与中间产业的联系
定量分析	要素分析方法	宏观层面 中观层面	各地投入产出矩阵数据	主导产业与中间产业的联系
定量分析	多元聚类分析方法	宏观层面 中观层面	各地投入产出矩阵数据	企业之间的相互联系
定量分析	图论分析方法	中观层面	各地投入产出矩阵数据与调查	企业、企业群之间的网络关系

六种识别辨认方法分别是：区位分布测度指标方法、波特案例分析方法、投入产出分析方法、要素分析方法、多元聚类分析方法和图论分析方法。其中，区位分布测度指标方法是最为普遍、被广泛使用的方法。三种研究思路分别如下：

第一种研究思路是自上而下的产业法。具体来说，通过收集某一产业的数据，根据数据识别该产业分布所处的阶段。

第二种研究思路是从宏观、中观和微观三个角度观测产业分布状况，不同的研究视角其所关注的重点不同。宏观层面的分析是指从整个经济整体出发，分析产业的专业化模式。中观层面的分析是指观测产品内部和产品中下游之间的联系。微观层面是指分析一个企业或者某几个核心企业之间的关系。一般来说，如果进行宏观层面的分析我们采用要素分析方法。区位分布测度、投入产出分析方法、多元聚类分析方法和图论分析方法一般用于中观层面的分析。而波特的案例分析方法一般用于微观层面的分析。

第三种研究思路是定性分析和定量分析识别。定性分析和定量分析各有长处，也各有短处。在定量分析没有广泛应用的时代，一般都采用定性分析。但是，现在比较推荐定量分析和定性分析相结合的方法。根据所收集数据的情况适当调整，适当变化。

本书采用区位分布测度指标法从中观层面分析金融服务业的区位分布状态。区位分布的测度指标是定量研究产业区位分布的数量指标。选用合适的指标度量我国金融业区位分布的水平对后续实证研究至关重要。因此，本节主要介绍各种区位分布的测度指标，并进行比较分析。

3.2.1 测度指标

目前，测度产业区位分布的指标有行业集中度、赫芬达尔—赫希曼指数、雷尔—泰德曼指数和罗森布鲁斯指数、熵指数和综合性指数等，下面我们进行详细的介绍。

3.2.1.1 行业集中度

行业集中度（concentration ratio，CR）又称行业集中率或市场集中度（market concentration rate），是指某行业的相关市场内前 N 家最大的企业所占市场份额（产值、产量、销售额、销售量、职工人数、资产总额等）的总和，是对整个行业的市场结构集中程度的测量指标，用来衡量企业的数目和相对规模的差异，是市场势力的重要量化指标。具体计算公式如下：

$$CR_n = \frac{\sum_{i=1}^{n} X_i}{\sum_{i=1}^{N} X_i} \tag{3-1}$$

其中，$\sum_{i=1}^{N} X_i$ 表示某行业中规模最大的前 n 个地区的相关数值之和。这些数值一般是产出、销售额、从业人员、机构数量等。$\sum_{i=1}^{N} X_i$ 表示该行业所有地区的相关数值之和。行业集中度数据研究简单，计算简便求和，因此成为实证文献中最常用的方法之一[148]。

根据美国经济学家贝恩和日本通产省对产业集中度的划分标准，当企业样本量等于 8 时，将产业市场结构粗分为寡占型（行业集中度≥40%）和竞争型（行业集中度<40%）两类。其中，寡占型又细分为极高寡占型（行业集中度≥70%）和低集中寡占型（40%≤行业集中度<70%）；竞争型又细分为低集中竞争型（20%≤行业集中度<40%）和分散竞争型（行业集中度<20%）。当企业样本量等于 4 时，将产业市场结构粗分为寡占型（行业集中度≥30%）和竞争型（行业集中度<30%）两类。其中，寡占型又细分为极高寡占型（行业集中度≥50%）和低集中寡占型（30%≤行业集中度<50%）；竞争型又细分为低集中竞争型（20%≤行业集中度<30%）和分散竞争型（行业集中度<20%）。一般认为，当产业市场为寡占型，则该行业出现集聚现象。

3.2.1.2 赫芬达尔—赫希曼指数

赫芬达尔—赫希曼指数（HHI）是指基于该行业中企业的总数和规模分布，即将相关市场上的所有企业的市场份额的平方后再相加的总和。这个指标最初由赫希曼提出，1950 年由哥伦比亚大学的赫尔芬达尔进一步阐述。赫希曼指数具有数学上绝对法和相对法的优点使它成为较理想的市场集中度计量指标，它可以衡量企业的市场份额对市场集中度产生的影响，成为政府审查企业并购的一个重要行政性标准。指数的具体计算公式如下：

$$HHI = \sum_{i=1}^{n} S_i^2 \tag{3-2}$$

其中，S_i 为某行业在第 i 个地区的比重。该指数在理论文献中广泛使用，常常作为其他指数的评估标准[149]。在美国，HHI 指数在银行反垄断法的执法过程中起着重要作用。如果满足存款市场中集聚度评估基本方针（合并后市场的 HHI 指数没有超过 0.18，而且相比合并前的指数增加小于 0.02），则两家银行的兼并申请将会直接被批准而不需要进一步的调查[150]。*HHI* 的值越接近 1，表明行业的空间分布越不均衡；*HHI* 的值越接近 $1/n$，表明行业的空间分布越均衡。由于它反映了整个产业规模分布的特点，因此也被称为完全信息指标。

3.2.1.3 雷尔—泰德曼指数和罗森布鲁斯指数

雷尔—泰德曼指数（HTI）和罗森布鲁斯指数（RI）提出的集聚测度无论在形式还是性质上都很相似[151-152]。指数形式分别如下：

$$HTI = \frac{1}{2\sum_{i=1}^{n} iS_i - 1} \tag{3-3}$$

$$RI = \frac{1}{2\sum_{i=1}^{n} S_i - 1} \tag{3-4}$$

式（3-3）中，各地区的市场份额根据排名加权，确保市场份额最大的地区权重为 1。*HTI* 的取值介于 0～1 之间。当各地区市场份额相同，则 *HTI* 的取值无限地接近于 0；在垄断的情况下，*HTI* 等于 1。由于 HTI 指数使用市场份额的排名作为权重计算指数，并对市场份额较小地区赋予较大权重，这使得该指数对市场份额较小地区的规模变化很敏感。豪斯（Hause）认为 HTI 指数严重受金融业市场规模分布的影响，因此对于金融业高度集中情况下的实用性似乎相当可疑[153]。

3.2.1.4 熵指数

熵指数在信息理论有其理论基础并测量了一个分布的先验预期信息内容[154]，它的构成借用了信息理论中熵的概念，具有平均信息量的含义，具体表达式为：

$$E = -\sum_{i=1}^{n} S_i \log_2 S_i \tag{3-5}$$

其中，S_i 为某行业在第 i 个地区的比重。该指数实际给每个地区市场份额 S_i 赋予权 $-\log_2 S_i$。权重随着市场份额的增加而增加。因此，熵指数与集聚程度成反比。当市场是垄断时，熵指数趋近于 0。当各地区市场份额相等时，熵指数趋近于 $\log_2 n$。

熵指数与 HHI 指数存在某些共同点：一方面，两者均属综合指数，能反映市场中所有企业的情况；另一方面，两者均为企业的市场份额之和。

熵指数与 HHI 指数也存在某些不同点：二者分配给各个企业市场份额的权数不同，HHI 指数的权数是市场份额，而熵指数根据的是市场份额倒数的对数；二者对小企业赋予不同权重，熵指数赋予小企业更大的权重，易受份额小于 1% 的企业数目的影响，而 HHI 指数基本不受此影响。

3.2.1.5 综合性指数

综合性集聚指数（CCI）来源于产业集聚与分散测度的辩论。一般理论认为市场份额最大地区的主导地位决定市场运行，CR_n 等测度被批评的理由是其忽略了市场份额最大地区以外的其他市场结构变化。而其他分散型集聚测度如洛伦茨曲线和基尼系数，被认为低估了市场份额较大地区在同行业中的重要性[155]。为了规避早期指标的不足之处，霍瓦思提出了 CCI 指数，该指数采用如下形式：

$$CCI = S_1 + \sum_{i=2}^{n} S_i^2[1 + (1 - S_i)] \tag{3-6}$$

其中，S_1 反映了市场份额最大地区在集聚指数中的地位；$\sum_{i=2}^{n} S_i^2[1 + (1 - S_i)]$ 中，市场份额为 S_i 的机构权重为 $1 + (1 - S_i)$，市场份额越小，权重越大，体现对市场份额较小地区的重视[156]。

以上区位分布的测度指标都是较为常用的区位测度指标，可以真实地反映被观测要素的区间分布与变化波动特征，从而确定产业的区位分布状态。

3.2.2 测度指标的比较

上述区位分布测度中，CR_n 和 HHI 测度在实证研究中被广泛使用。比克和哈夫（Bikker & Haaf，2000，2002）将 CR_n 和 HHI 指数运用于 20 个国家的银行业市场[157-158]，得到结果如表 3-2 所示。

表 3 - 2　　20 个国家银行业集聚指数测算

国家	值				排名			
	HHI	CR_3	CR_5	CR_{10}	HHI	CR_3	CR_5	CR_{10}
澳大利亚	0.14	0.57	0.77	0.90	6	6	5	6
奥地利	0.14	0.53	0.64	0.77	6	9	11	12
比利时	0.12	0.52	0.75	0.87	9	11	7	7
加拿大	0.14	0.54	0.82	0.94	6	8	2	1
丹麦	0.17	0.67	0.80	0.91	4	3	4	5
法国	0.05	0.30	0.45	0.64	16	16	16	15
德国	0.03	0.22	0.31	0.46	18	18	18	19
希腊	0.20	0.66	0.82	0.94	3	4	2	1
爱尔兰	0.17	0.65	0.73	0.84	4	5	8	8
意大利	0.04	0.27	0.40	0.54	17	17	17	17
日本	0.06	0.39	0.49	0.56	14	14	14	16
卢森堡	0.03	0.20	0.30	0.49	18	19	19	18
荷兰	0.23	0.78	0.87	0.93	2	1	1	3
挪威	0.12	0.56	0.67	0.81	9	7	10	11
葡萄牙	0.09	0.40	0.57	0.82	12	13	12	9
西班牙	0.08	0.45	0.56	0.69	13	12	13	13
瑞典	0.12	0.53	0.73	0.92	9	9	8	4
瑞士	0.26	0.72	0.77	0.82	1	2	5	9
英国	0.06	0.34	0.47	0.68	14	15	15	14
美国	0.02	0.15	0.23	0.38	20	20	20	20
平均值	0.11	0.47	0.61	0.75				
方差	0.07	0.18	0.20	0.18				

资料来源：根据 Measure of Competition and Concentration in the Banking Industry：A Review of Industry 整理[157-158]。

表 3 - 2 显示，除少数国家外，各项指标下各国的排名颇为相似，这验证了 CR_n 和 HHI 测度的可信性。并且，HHI 指数和 CR_3，CR_5，CR_{10}的相关系

数分别为 0.98、0.94 和 0.86。这表明与包含所有市场份额的 HHI 指数相比较，CR_n 也能提供较为全面的信息。因此，在本章后续的实证部分，将采用行业集中度指数测量我国金融服务业的区位分布状态。

3.3 我国金融业区位分布统计模型的构建

符号模糊聚类是知识发现与数据管理研究中的新领域，与多维数据分析、模式识别及人工智能紧密联系在一起。它是采用模糊数学语言对符号数据进行描述和分类的一种方法。符号数据是一种抽象数据，包含各种形式，如表格、各种符号、数据区间等。在本书中引入的是区间数据。引入区间数据的原因主要在于，由于我们的研究跨越时间较长，某些数据有缺失，这个时候我们就可以对已有数据构造区间，采用符号数据方法更好地利用已有数据资源。它的目的在于针对符号数据的特点选用合适的方法对其进行分析，挖掘数据中的隐含信息。本节中，引入基于 Wasserstein 测度的模糊聚类方法分析我国金融服务业的区位分布特征。符号数据模糊聚类的理论模型可以简要归纳如下.

3.3.1 Wasserstein 测度的定义

假定随机变量 A 和 B 的分布函数分别为 $\Psi(A)$ 和 $\Phi(B)$，则 A 和 B 的 Wasserstein 距离测度定义为[159]：

$$d(\Psi(A), \Phi(B)) = \int_0^1 |\Psi^{-1}(A) - \Phi^{-1}(B)| \mathrm{d}t \tag{3-7}$$

1999 年，巴里奥（Barrio，1999）将该距离扩展成 WassersteinL_2 距离[160]：

$$d(\Psi(A), \Phi(B)) = \left[\int_0^1 (\Psi^{-1}(A) - \Phi^{-1}(B))^2 \mathrm{d}t\right]^{\frac{1}{2}} \tag{3-8}$$

2007 年，伊尔皮诺（Irpino，2007）使用分布函数的一阶矩 μ_A、μ_B 和二阶矩 σ_A、σ_B 将 Wasserstein 距离分解为[131]：

$$d_w^2(\Psi_A \Phi_B) = \underbrace{(\mu_A - \mu_B)^2}_{location} + \underbrace{(\sigma_A - \sigma_B)^2}_{size} + \underbrace{2\sigma_A\sigma_B[1 - \rho_{QQ}(\Psi_A, \Phi_B)]}_{shape} \tag{3-9}$$

$$\rho_{QQ}(\Psi,\Phi)=\frac{\int_0^1(\Psi^{-1}(t)-\mu_A)(\Phi^{-1}(t)-\mu_B)\mathrm{d}t}{\sigma_A\sigma_B}=\frac{\int_0^1\Psi^{-1}(t)\Phi^{-1}(t)\mathrm{d}t-\mu_A\mu_B}{\sigma_A\sigma_B}\tag{3-10}$$

式（3-8）说明 Wasserstein 距离综合考虑三方面因素：首先，分布的中心位置 *location*：两个分布函数在位置上可能存在差异，Wasserstein 采用分布的均值差描述；其次，分布的波动差异 *size* 和 *shape*，分布的波动差异由分布的标准差和密度函数的形状决定，Wasserstein 距离分别采用分布的标准差和 ρ_{QQ} 系数描述。值得注意的是，此处 ρ_{QQ} 的含义与传统皮尔逊相关系数的含义不同，此处 ρ_{QQ} 度量的是密度函数形状的差异，$\rho_{QQ}=1$ 当且仅当标准化后的 $\Psi_{(A)}$ 和 $\Phi_{(B)}$ 相同。与传统的 *city-block* 距离、Hausdorff 距离和欧式距离相比，Wasserstein 距离不再侧重端点的比较，而是抓住数据分布函数的信息，综合考虑分布的中心及波动差异，能更充分使用分布函数提供的信息。

假设 A 和 B 在某区间服从均匀分布，则区间 $A=[a,b]$ 和区间 $B=[u,v]$ 的 Wasserstein 测度距离为：

$$d_w(U(a,b),U(u,v))=\sqrt{(\mu_A-\mu_B)^2+(\sigma_A-\sigma_B)^2}\tag{3-11}$$

其中，$\mu_A=\frac{1}{2}(a+b)$，$\mu_B=\frac{1}{2}(u+v)$，$\sigma_A=\sqrt{\frac{(b-a)^2}{12}}$，$\sigma_B=\sqrt{\frac{(v-u)^2}{12}}$，对于服从 p 维均匀分布的区间变量，上述公式可扩充为：

$$d_w^2(A,B)=\sum_{j=1}^{p}\left(\left|\frac{a_j+b_j}{2}-\frac{u_j+v_j}{2}\right|^2+\frac{1}{3}\left|\frac{b_j-a_j}{2}-\frac{v_j-u_j}{2}\right|^2\right)\tag{3-12}$$

3.3.2 基于 Wasserstein 测度的模糊聚类理论模型

设有 n 个样本组成的样本集合：$X=\{x_1,x_2,\cdots,x_n\}$，依据 p 个指标 $x_k=\{x_{k1},x_{k2},\cdots,x_{kp}\}$，$x_{kj}=[a_{kj},b_{kj}]$，$a_{kj}\leqslant b_{kj}$，$1\leqslant k\leqslant n$，$1\leqslant j\leqslant p$ 按 c 个类别进行模糊聚类。

该模糊聚类相对隶属度矩阵表达式 $U=(u_{ik})$，其中 u_{ik} 为样本 k 隶属于类别 i 的相对隶属度；$i=1,2,\cdots,c$；$k=1,2,\cdots,n$。满足条件：

$$\begin{cases}\sum_{i=1}^{c} u_{ik} = 1, \forall k \\ 0 \leqslant u_{ik} \leqslant 1, \forall i, \forall k\end{cases}$$

类别 i 的聚类中心记为：$g_i = (g_{i1}, g_{i2}, \cdots, g_{ip})$，$g_{ij} = [\alpha_{ij}, \beta_{ij}]$，$1 \leqslant i \leqslant c$，$1 \leqslant j \leqslant p$。

对每一个类 k，我们引入自适应参数 $\lambda_k^m = (\lambda_k^m, \lambda_{k2}^m, \cdots, \lambda_{kp}^m)$ 和 $\lambda_k^v = (\lambda_k^v, \lambda_{k2}^v, \cdots, \lambda_{kp}^v)$，则 n 个样本与 c 个类别差异的综合权衡度量定义为：

$$\begin{aligned} w^1 &= \sum_{i=1}^{c}\sum_{k=1}^{n}(u_{ik})^2\Phi(x_k, g_i) \\ &= \sum_{i=1}^{c}\sum_{k=1}^{n}(u_{ik})^2\sum_{j=1}^{p}\left[\lambda_{ij}^m\left(\frac{a_{kj}+b_{kj}}{2} - \frac{\alpha_{ij}+\beta_{ij}}{2}\right)^2 + \frac{1}{3}\lambda_{ij}^v\left(\frac{b_{kj}-a_{kj}}{2} - \frac{\beta_{ij}-\alpha_{ij}}{2}\right)^2\right]\end{aligned}$$

其中，

$$\begin{cases}\sum_{i=1}^{c} u_{ik} = 1, \forall k \\ 0 \leqslant u_{ik} \leqslant 1, \forall i, \forall k\end{cases}$$

$$\begin{cases}\lambda_{ij}^m > 0 \\ \prod_{j=1}^{p} \lambda_{ij}^m = 1\end{cases} \tag{3-13}$$

$$\begin{cases}\lambda_{ij}^v > 0 \\ \prod_{j=1}^{p} \lambda_{ij}^v = 1\end{cases} \tag{3-14}$$

其中，m 代表 λ_{ij}^m 是均值部分的自适应度指标；v 代表 λ_{ij}^v 是均值部分的自适应度指标。

根据拉格朗日函数求导，我们可以得到：

$$\begin{cases}\alpha_{ij} = \dfrac{\sum_{k=1}^{n}(u_{ik})^2 a_{kj}}{\sum_{k=1}^{n}(u_{ik})^2} \\ \beta_{ij} = \dfrac{\sum_{k=1}^{n}(u_{ik})^2 b_{kj}}{\sum_{k=1}^{n}(u_{ik})^2}\end{cases} \tag{3-15}$$

$$\begin{cases} \lambda_{ij}^{m} = \dfrac{\prod\limits_{h=1}^{p}\left[\sum\limits_{k=1}^{n} u_{ik}^{2}\left(\dfrac{a_{kh}+b_{kh}}{2}-\dfrac{\alpha_{ih}+\beta_{ih}}{2}\right)^{2}\right]^{\frac{1}{p}}}{\sum\limits_{k=1}^{n} u_{ik}^{2}\left(\dfrac{a_{kj}+b_{kj}}{2}-\dfrac{\alpha_{ij}+\beta_{ij}}{2}\right)^{2}} \\ \lambda_{ij}^{v} = \dfrac{\prod\limits_{h=1}^{p}\left[\sum\limits_{k=1}^{n} u_{ik}^{2}\left(\dfrac{b_{kh}-a_{kh}}{2}-\dfrac{\beta_{ih}-\beta_{ih}}{2}\right)^{2}\right]^{\frac{1}{p}}}{\sum\limits_{k=1}^{n} u_{ik}^{2}\left(\dfrac{b_{kj}-a_{kj}}{2}-\dfrac{\beta_{ij}-\alpha_{ij}}{2}\right)^{2}} \end{cases} \tag{3-16}$$

$$u_{ik} = \left[\sum_{h=1}^{c}\frac{\sum\limits_{j=1}^{p}\left[\lambda_{ij}^{m}\left(\dfrac{a_{kj}+b_{kj}}{2}-\dfrac{\alpha_{ij}+\beta_{ij}}{2}\right)^{2}+\dfrac{1}{3}\lambda_{ij}^{v}\left(\dfrac{b_{kj}-a_{kj}}{2}-\dfrac{\beta_{ij}-\alpha_{ij}}{2}\right)^{2}\right]}{\sum\limits_{j=1}^{p}\left[\lambda_{hj}^{m}\left(\dfrac{a_{kj}+b_{kj}}{2}-\dfrac{\alpha_{hj}+\beta_{hj}}{2}\right)^{2}+\dfrac{1}{3}\lambda_{hj}^{v}\left(\dfrac{b_{kj}-a_{kj}}{2}-\dfrac{\beta_{hj}-\alpha_{hj}}{2}\right)^{2}\right]}\right] \tag{3-17}$$

3.3.3 模型优势

采用符号数据方法研究我国金融服务业区位分布特征，主要基于以下思考：首先，拟研究的金融数据跨越时间较长，而其中一些数据存在缺失或口径变化的情况。如果采用传统方法分析，数据质量的准确性将影响计量结果。为研究不同阶段我国金融服务业发展的空间分布特征，首先，采用有序样本聚类方法将我国金融服务业发展历史划分为三个阶段，然后对每个阶段构造区间数据，进行模糊聚类分析。其次，模型中采用 Wasserstein 测度，该测度与传统的欧式距离测度相比，抓住数据分布函数的信息，综合考虑数据的中心和波动的差异。另外，模型中引入参数 λ_{ij}^{m} 和 λ_{ij}^{v}，这主要引入了对变量尺度差异（单位差异）的考虑。在计算两个样本点的距离时，不同变量下样本点之间的距离不尽相同，这种差异有可能是样本点本身的差异造成的，也有可能是由变量的尺度差异带来的。我们希望能尽可能避免后者对聚类分析的影响。在 λ_{ij}^{m} 和 λ_{ij}^{v} 的表达式中，分母表示第 j 个变量下样本点与第 i 个聚类中心之间的平方距离，也可以认为是第 j 个变量下样本的离散程度（相当于离差）。若第 j 个变量的分母值相对其他变量较大（即离差相对较大），则 λ_{ij}^{m} 和 λ_{ij}^{v} 相对较小；反之，则 λ_{ij}^{m} 和 λ_{ij}^{v} 相对较大。因此，在计算距离时添加权重因

子 λ_{ij}^{m} 和 λ_{ij}^{v} 的处理方式可以在一定程度上降低变量尺度差异对于距离计算结果的影响。

基于研究时间年限跨度较长且我国金融服务业数据质量不稳定特征，使用符号数据模糊聚类方法。一方面，通过构造区间数据，便于从海量数据中挖掘隐含信息；另一方面，可以降低数据误差对模型结果的影响。

3.3.4 指标说明

我国金融服务业发展是以银行业为主，逐步向银行业、证券业和保险业全面推进的过程。因此，对应不同的阶段需要构造不同的发展指标。且实证研究调试结果显示：由于我国金融服务业发展水平不高，数据质量不稳定，若采用比率指标进行聚类分析将使得结果不稳定，囿于比率指标的性质，比率数据的微小变动将对聚类结果产生放大效应。综合考虑以上因素及数据的可获得性，本章采用以下指标进行聚类分析。金融服务业发展综合指标：金融服务业增加值、金融机构部门从业人员、金融服务业从业人员平均工资；银行类指标：金融机构年末存款总额、金融机构年末贷款总额；证券类指标：筹资额；保险业指标：保费收入。所有数据来源于各省份《新中国五十年统计资料汇编》和各省统计年鉴。

3.4 我国金融业区位分布的实证分析

3.4.1 有序样本聚类

有序样本聚类是多元统计分析聚类分析方法中的一种。在系统聚类分析中，各个样本或变量之间相互独立，没有时间顺序的关系，分类时根据亲疏关系即可。但是有序样本聚类分析中，各个样本之间存在时间序列的关系。例如，要将新中国成立以来国民收入的情况划分为几个阶段，此阶段的划分必须依年份的顺序为依据；又如，研究天气演变的历史时，样品是按从古到今的年代排列的，年代的次序也是不能打乱的。在本书中，我们需要研究金融服务业空间分布特征，由于跨越的时间年限较长，很有必要按照时间顺序对发展阶段进行划分。有序样本聚类的基本原理如下。

设有 n 个有序样本依次为 $X_{(1)}$，$X_{(2)}$，…，$X_{(n)}$，每个样本有 m 个指标。

第一步，定义类的直径。

设某一类 G 包含的样本有 $\{X_{(i)}, X_{(i+1)}, \cdots, X_{(j)},\}(j>i)$，记为 $G=\{i, i+1, \cdots, i+1\}$。该类的均值向量为：

$$\bar{X}_G = \frac{1}{j-i+1}\sum_{t=i}^{j} X_{(t)} \tag{3-18}$$

用 $D(i, j)$ 表示这一类的直径，常用的直径有：

$$D(i, j) = \sum_{t=i}^{j}(X_{(t)} - \bar{X}_G)'(X_{(t)} - \bar{X}_G) \tag{3-19}$$

第二类，定义分类的损失函数。

用 $b(n, k)$ 表示将 n 个有序样品分为 k 类的某一种方法，常记分法 $b(n, k)$ 为：

$$G_1 = \{i_1, i_1+1, \cdots, i_2-1\}$$

$$G_2 = \{i_2, i_2+1, \cdots, i_3-1\}$$

$$\cdots$$

$$G_k = \{i_k, i_k+1, \cdots, n\}$$

定义上述分类法的损失函数为：

$$L[b(n, K)] = \sum_{i=1}^{k} D(i_t, i_{t+1}-1) \tag{3-20}$$

当 n，k 固定时，$L[b(n, K)]$的值越小，即表示各类的离差平方和越小，分类是合理的，当分法 $b(n, k)$ 使分类损失函数达到最小，那么该分类是最佳分类方法。

本书分析 1978～2017 年中国金融业区位分布情况，跨越的时间年限较长，有可能在不同的阶段金融服务业表现出不同的特征。因此很有必要采用有序样本聚类对金融服务业发展的不同阶段进行划分。

有序样本聚类中，采用的聚类指标是各年金融业增加值，时间跨度是 1978～2017 年。通过运用 R 软件，我国金融业的发展可以划分为以下三阶段。第一阶段：1978～1985 年；第二阶段：1986～1995 年；第三阶段：1996～2017 年。

3.4.2 基于 Wasserstein 测度的模糊聚类分析

根据每个阶段构造区间数据，且根据不同阶段金融服务业发展特征及数据可获得性，选取不同指标。表3－3至表3－5的注解部分标注了每一阶段采用的集聚指标。运行R软件，最终模糊聚类结果如表3－3至表3－5所示。

表3－3　1978～1985年聚类结果

类别	省份
第一类	北京、辽宁、上海、江苏
第二类	河北、黑龙江、浙江、安徽、福建、河南、湖北、广东、四川、山东
第三类	天津、山西、内蒙古、吉林、江西、湖南、广西、贵州、云南、西藏、陕西、青海、宁夏、新疆、甘肃

注：金融服务业增加值、金融机构存款总额、金融机构贷款总额、金融服务业从业人员。

表3－4　1986～1995年聚类结果

类别	省份
第一类	上海、江苏、山东、广东
第二类	北京、河北、辽宁、浙江、河南、黑龙江、福建
第三类	安徽、湖北、湖南、广西、四川、山西、陕西、内蒙古、吉林、江西、重庆、贵州、云南、西藏、青海、西宁、宁夏、新疆、海南、甘肃

注：金融服务业增加值、金融机构年末存款总额、金融机构年末贷款总额、金融服务业从业人员。

表3－5　1996～2017年聚类结果

类别	省份
第一类	北京、广东、江苏、山东、上海、浙江、河北、四川
第二类	安徽、福建、广西、贵州、海南、天津、河南、黑龙江、湖北、湖南、吉林、江西、辽宁、内蒙古、宁夏、青海、陕西、山西、西藏、新疆、重庆、甘肃、云南

注：金融服务业增加值、金融机构年末存款总额、金融机构年末贷款总额、金融服务业从业人员、金融服务业从业人员平均工资、筹资额、保费收入。

为进一步分析不同阶段金融业发展，采用行业集中度计算各阶段每个省的金融集聚水平。具体计算公式如下：

$$金融集聚\ R = \sum_{i=1}^{k} \frac{金融业增加值}{全国金融业增加值} \quad (3-21)$$

具体结果如表3－6所示。

表3－6　各阶段金融集聚发展

时间	第一类金融集聚均值	第一类地区数	第二类金融集聚均值	第二类地区数	第三类金融集聚均值	第三类地区数
1978～1985年	0.31	4	0.34	10	0.35	15
1986～1995年	0.32	4	0.33	7	0.35	20
1996～2017年	0.66	8	0.34	23		

表3－6显示：1978～1985年间，第一类地区金融业增加值约占全国的31%，第二类地区金融业增加值约占全国的34%，第三类地区金融业增加值约占全国的35%。根据行业集中度的测算标准，该阶段，我国金融业的空间分布还没有出现明显的集中趋势，空间上呈现分散化特征。

1986～1995年间，第一类地区金融业增加值约占全国的32%，第二类地区金融业增加值约占全国的33%，第三类地区金融业增加值约占全国的35%。该阶段，我国金融业空间集聚趋势开始显现，东部和中部共11个省份金融业增加值约占全国的65%。

1996～2017年间，第一类地区金融业增加值约占全国的66%，第二类金融业增加值约占全国的34%。该阶段，我国金融业空间分布可以分成两大块：东部沿海和中西部地区。其中，东部7省和四川省金融业增加值占全国的66%。空间集聚状态显著。

因此，根据上述实证分析结果，可以归纳出1978年以来我国金融服务业区位分布的演化路径：空间分散化—空间集聚逐步显现—空间集聚显著。

3.5　本章小结

本章通过收集1978～2017年数据对我国金融服务业区位分布特征做了一

个系统全面的研究，弥补我国相关研究的不足。在统计指标选取上，本章选择较为全面，涵盖银行业、证券业、保险业；在模型方法选择上，从我国国情出发，基于统计口径、统计误差、数据缺失等原因，选择符号模糊聚类方法研究金融服务业区位分布特征。通过实证研究，本章主要得到以下结论：

1978 年改革开放以来，我国金融业发展呈现分阶段、分区域特征。1978 ~ 1985 年为第一阶段。这一阶段内，我国金融业改革拉开序幕，中央银行框架制度初步确立，金融体系初具雏形。在空间分布上，金融业呈现分散化发展特征。金融发展态势较好地区集中在北京、辽宁、上海和江苏，但三大区域金融集聚力量基本均衡。1986 ~ 1995 年为第二阶段。这一阶段内，我国金融体系更加完善，金融机构的职能逐渐明晰、业务范围逐渐扩大，资本市场开始发展，金融体系更加适应市场化需求。在空间分布上，金融发展态势较好地区集中在上海、江苏、山东、广东。其次是北京、河北、辽宁、浙江、河南、黑龙江、福建。金融业开始呈现东部集聚态势。1996 ~ 2017 年为第三阶段，该阶段内我国进入金融的深度发展时期。在空间分布上，金融业主要集聚在北京、广东、江苏、山东、上海、浙江、河北、四川八省市。东部地区金融集聚力量强劲。因此，本章认为我国金融业区位分布呈现“空间分散化—空间集聚逐步显现—空间集聚显著”的特征。

文献综述部分的区位选择理论显示：事物的区位是事物与自然环境和社会环境共同作用的结果，事物的区位特征随着社会和自然环境的变化而发生变化。不同产业、不同历史时期、不同国家甚至是同一国家的不同区域，区位选择因素也会有差异。本章的研究结果显示，我国金融业区位分布在不同阶段呈现不同特征，那么各阶段影响我国金融业区位分布的主导因素如何？信息技术是否对我国金融业区位分布产生重要影响？这将是后续章节解决的内容。

第4章

中国金融业区位分布的影响因素分析

4.1 引　　言

改革开放以来，我国经济快速发展，取得了举世瞩目的成绩。但是，我国国土面积辽阔，人口众多，自然资源分布极不均衡，区域经济的差异仍然很大。区域经济发展不平衡是我国的基本国情，也是我国经济建设需要长期面临的重要问题。如何减小区域经济差异，促进经济协调发展，为实现区域经济协调发展提供新的路径是需要着力解决的核心问题。

服务业，尤其是金融服务业在区域经济增长中的作用日益显著。金融服务业已成为支持城市经济增长、新型城镇化发展的主要因素。城市、区域金融发展差异对区域经济结构、区域经济布局产生深刻的影响[162]。早在20世纪60年代初，雷德蒙·戈德斯密斯在《金融结构与金融发展》中采用金融相关系数指标定量描述了金融发展与经济发展之间的关系，论证了金融发展水平是推动经济内生增长和产业结构调整的重要因素。区域金融发展较好的地区，具有更低的监督成本、收集信息成本；较好的区域金融发展环境更利于改善投资项目质量、增加生产性投入，从而促进技术进步和创新。具体来说，区域金融发展主要通过以下路径促进区域经济的发展。

第一，区域金融发展有助于提高区域资源配置效率。金融发展通过资金供给促进区域经济结构调整。区域金融发展可以拓宽企业融资渠道，企业能够通过各种方式获得资金支持，实现产业结构调整。不仅如此，金融集聚地区，各项金融创新手段应用于经济支持，将资源分配到利润更高的行业或企业，提高资源配置优化，促进区域经济结构升级。

第二，区域金融发展有助于促进区域资本积累。促进资本积累、提高资本存量是金融的重要作用之一。资本市场的广度和深度、实际利率水平、金融效率、金融创新产品的多样化和有效性是影响资本储蓄率和转化率的重要因素。一个地区的金融体系越成熟，区域经济越容易完成资本积累，越有利于引导闲散资金进入生产性领域，促进资本形成，促进经济发展。

第三，区域金融发展有助于技术进步和商业模式创新。毫无疑问，技术进步和商业模式创新是区域经济持续发展的动力。区域金融发展能为技术进步和商业模式创新提供资金支持。尤其是能为市场认可的技术进步和商业创新模式提供金融支持，加速创新活动转换为生产力，从而促进区域经济发展。

从以上可以看出，金融服务业是有助于区域经济增长的重要因素。发展区域金融以缩小区域金融差距，促进区域经济协调发展，是专家学者们可以持续研究的重要方面。

本书第 3 章的研究显示，我国金融业区位分布呈现分阶段、分区域特征。不同区域金融服务业发展特征并不一样。同时，鉴于服务业多样化和差异性特点，金融服务业区位因素的研究并不系统。影响金融服务业发展的因素究竟有哪些？如何根据这些因素促进区域金融的发展以支持区域经济建设，是我们思考的内容。因此，深入挖掘各阶段我国金融服务业区位分布的影响因素，探讨影响因素的作用方式，刻不容缓。这对指导我国金融中心建设、金融支持新型城镇化建设，区域经济协调发展建设有着重要的理论意义和实际意义。因此，本章拟解决以下两个问题：

（1）在系统梳理国内外文献的基础上，结合金融服务业特点，建立金融服务业区位因素体系。

（2）在金融服务业区位因素体系的基础上，采用多重对应分析方法分析各阶段影响我国金融业区位分布的主要影响因素，并对现阶段影响我国金融业区位分布的因素进行深入探讨，为金融服务业区位建设提供政策建议。

4.2 金融服务业区位因素体系

伴随着全球服务经济进程的加速，金融服务业区位理论研究受到越来越多国内外学者的关注。已有的古典区位理论、近代区位理论和现代区位理论固然为金融服务业区位理论体系的建立提供了理论指导，但金融服务业的知识密集性、信息密集性、产品的无形性、生产与消费同时性、同一服务的差异性与个性化等特点决定了金融服务业区位因素不同于农业和传统制造业。因此，本章拟以马歇尔的古典区位理论为基础，结合金融服务业自身的特点，构建金融服务业区位因素体系。

艾尔弗雷德·马歇尔认为经济活动的区位分布取决于三个微观基础：劳动力市场、中间产品投入、技术和信息的溢出。这三个基本因素也适用于金融部门。

从劳动力市场的外部性看，产业集聚区提供了稳定、有技术含量的劳动力市场。这刺激了劳动力供给方和需求方的持续集聚，尤其是技能高度专业化的劳动力。雇主们通常会去能找到大量劳动力的地方挑选工人。雇员们也会去需要专业化人才的地方寻找工作。金融机构往往需要高度专业化和技能的劳动力。肯姆（Kim，1990）指出：越大的劳动力市场提供了更好的期望工作竞争[163]。因此，金融机构倾向选址于具有大量专业化劳动力、流动性的城市中心，以便能更快地填补空缺的高度熟练劳动力。劳赫（Rauch，1993）认为城市平均人力资本是地方性的公共产品，金融中心定位于具有高人力资本的城市，能以较低成本获得人力资本的外部性，并能得到更高质量的服务[164]。贝格（Begg，1991）也指出，劳动力的可获得性是公司搬迁的一个诱因[165]。

马歇尔强调的第二个因素是中间产品的投入。这也是影响金融业区位分布的一个重要因素。金融区位选址邻近会计和法律咨询服务等金融中介机构是有优势的。例如，企业融资协议的迅速处理需要在同一地方找到相关律师和会计提供帮助。斯图尔特（Stuart，1975）指出，在很多情况下，面对面的谈判、采购流程是必需的，相关中间产品的集聚减少了顾客的搜寻成本，增加了每个供应商的市场规模[166]。加斯帕（Gaspar，1996）指出电子通信信息技术虽然可以起到补充作用，但无法完全替代面对面的互动[167]。波特（Porter，1998）指出，现代社会中，维持全球经济中的持续竞争优势需要相关产业、机构、竞争对手的集聚[168]。

另一个与金融区位分布相关的外部性因素是知识和信息的外溢效应。公司之间知识和信息的外溢吸引更多的金融机构集聚。这可能是影响金融业区位分布的重要因素，因为技术创新在金融业中发挥重要作用。当金融活动在空间上高度集聚时，新产品的扩散能迅速发生，因而产品创新产生正的外部性。信息的外溢效应也不容忽视。金融机构可能从某一特定地点得到更多的代理信息。信息的价值，并不取决于数量，而是信息的质量和及时性。波蒂厄斯（Porteous，1995）认为面对面的交流是重要信息迅速扩散的方法[169]。他承认，电子信息技术的改进使得信息的获取更加平等，但是需要区分信息的种类。标准化的金融信息、技术可以通过计算机网络快速、低成本传递。而对于非标准化信息，信息质量将随着传输距离的增加逐渐衰减。例如，关于公司的流言会通过互联网迅速传播，但是离公司较远的代理商更难确定流言的真实性，更难理解流言中所包含的信息。信息是有价值的，但只有在一定的背景下才能正确解释。由于信息背景不易标准化，因此也不容易被互联网传递，因此很难评价信息的价值。离信息源较近的代理商对信息有更快更好的洞察力，他们有临时的信息优势[170]。格里希（Gehrig，1998）强调物理距离邻近产生的信息优势，他认为物理距离的邻近性对复杂和敏感产品尤为重要。另一个相关的说法认为由于标准化信息已被广泛传递，寻找未被开发的信息的动力增加。因此，代理商聚集在一起开发信息[171]。斯哥特伦（Scholtens，2013）认为，金融集聚被认为低成本分配信息的手段，降低信息获取的成本[172]。

以上分析表明，马歇尔提出的影响产业区位分布的三大微观机制（劳动力市场、中间产品投入、信息和技术的溢出）依然适用于金融服务业部门，鉴于金融业的独特性，还有更多的因素影响金融业区位分布，下面我们将探讨特别适用于金融部门的区位因素。

格里希（Gehrig，2000）指出，市场流动性是影响金融业区位分布的一个主要因素[173]。在流动性市场中，个人交易不会带来显著的价格波动，但是在非流动性市场中，即使一个较小的交易也会带来相当大的价格波动。由于在流动性市场中价格波动的风险较小，规避风险的投资者会选择流动性较高的市场进行交易。因此，流动性的市场将吸引更多的交易量，从而促使市场规模变大。然而，信息技术发展如电子贸易、电子通信网络的出现，物理距离的集聚以获取较高流动性不再必要。因此，市场流动性与区域信息技术、金融机构电子化水平密切相关。

高成本和拥挤问题是阻碍金融集聚的主要离心力因素。而通信、网络的发展也为金融业务的分散化发展提供了便利。越来越多金融业后台功能被分散到低成本地区。罗森和穆雷（Rosen & Murray，1997）的研究表明，纽约金融就业人数的下降部分是由金融业后台的重新选址造成的[174]。麦基罗普和哈亲森（McKillop & Hutchinson，1991）的研究发现不仅金融后台活动出现分散化发展，英国金融总部也出现分散化趋势[175]。

信息技术基础设施建设是金融业区位选择的关键因素。信息通信技术对银行业产生两方面的影响：一方面，市场的外部环境发生改变，真实的市场逐步成为虚拟化市场；另一方面，金融服务的生产过程会变得逐步数字化。纽约、伦敦、东京等全球金融中心都得益于附近发达的通信网络枢纽，优越的信息化建设是成为全球金融中心的必要条件[176]。目前，维护、延续已经建立的客户关系，已成为金融中介国际化的主要工作目标。从这个层面讲，金融活动必须建立强大、安全、高效的金融网络遵循实际活动、跟随主要（国际）客户，以便提供最优的服务[177]。巴赫（Bach，2000）发现，德国银行的外事活动和德国公司的对外活动有较强的正相关关系。因此，巴赫认为德国银行业务跟随国外客户[178]。凯勒（Keller，2001）认为，不容易确定银行是否跟随或者领导国际业务。根据他的观点，当银行致力于建立世界网络体系，产业集中在某个项目时，银行领导，产业遵循。反之，产业领导，银行业跟随[179]。

除了上述因素之外，还有更多影响金融业区位分布的因素。例如，路径依赖、政治和监管。路径依赖可以被描述为一个非遍历序列或一个初始条件后确定后的随后结果。在这种情况下，历史、地理事件可能有长期累积的影响。马丁（Martin，1990）等认为由于非确定性因素的存在，几种可供选择的平衡是可能的。某一特定平衡模式的出现，在很大程度上由历史因素决定，出现的这一模式并不一定比其他模式更优。然而，一旦最初的模式建立了，它的前向和后向联系、应用与期望将加强这种模式[180]。

政治因素也是影响金融业区位分布的主要因素之一，特别是经济管制较为严格国家。它既可以促进也可以阻碍金融中心的发展。如伦敦作为欧洲美元市场中心是政治促进的结果。相反地，东地中海、巴尔干等地区缺乏金融中心也是政治干预的后果[181]。

综合以上因素，本章将金融服务业区位因素体系分解成四个部分：经济因素、信息因素、空间因素和人文因素。具体的指标体系设计如下：

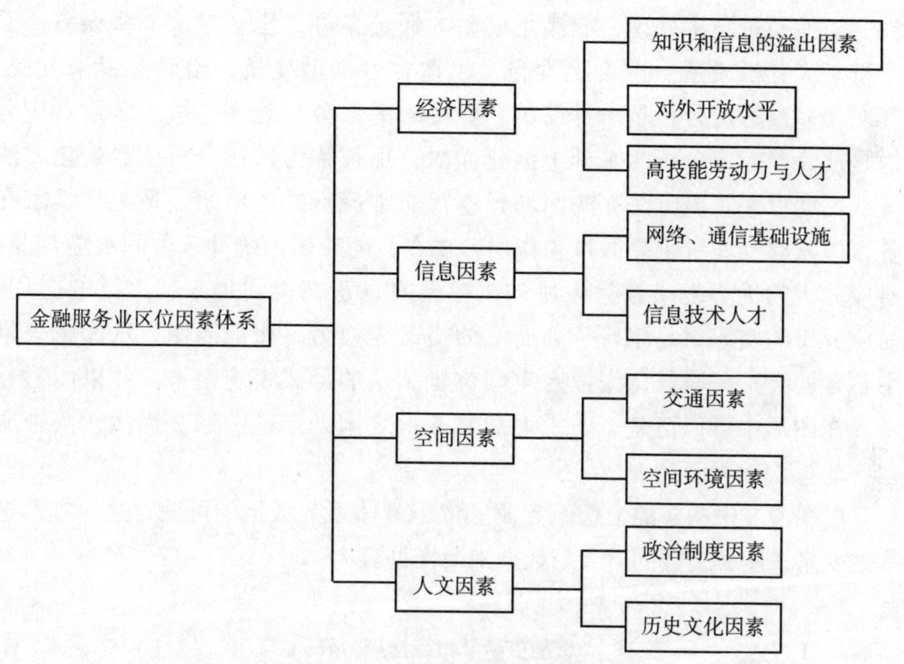

图 4－1　金融服务业区位因素体系

4.3　中国金融业区位因素的实证分析

4.3.1　研究方法与数据预处理

为分析各阶段影响金融服务业空间分布的区位因素，本章采用多重对应分析方法进行区位因素检验。

分析区位因素的方法有定性分析和定量分析两类方法。常用的定量分析方法有回归分析、因子分析、主成分分析等。本章选择多重对应分析方法分解影响金融服务业空间分布因素的原因主要有以下两点。首先，在采用的指标中有刻度型数据，例如，中间产品的投入、知识和信息的溢出因素、高技能劳动力与人才等等，也有名义型数据。如果采用传统的回归分析、因子分析、主成分分析等方法，变量在很大程度上无法满足这些模型的假定条件。即使通过技术处理，能满足模型的假定条件，也会带来一些误差。而多重对应分析既适合刻度型变量，也适合名义型变量，给研究带来方便。其次，多重对应分析是一种简单、直观的因素分析处理方法。多重对应分析是从简单对应分析的基础上演化而来，也被称为质性分析、数量化方法等。长期以来，该方法在法国和日本都非常流行，主要原因是统计学家在各自国家起到非常重要的推动作用。现在，随着国内统计软件的逐渐普及，对应分析的优势越来越为人所知，在国内也正在得到越来越广泛的应用。对应分析的实质就是将行、列变量的交叉表换为一张散点图，从而将表格中包含的类别关联信息用散点空间位置关系的形式表现出来，并以图形显示。在图形中可以清楚、明了地观察变量之间的亲疏关系。当然，其中所包含的算法较为复杂。

根据前文中构建的金融服务业区位因素体系与数据的可获得性，本章选择的变量、各个指标的含义与数据来源详见表 4 - 1。

表 4 - 1　　模型变量及指标选择列表

区位因素		指标及基础数据选取来源
经济因素	中间产品投入	第三产业从业人员比重
	知识和信息的溢出因素	地区金融机构总部数
	高技能劳动力与人才	各省专利数
	对外开放水平	对外投资总额
信息因素	网络、通信基础设施	互联网用户数
	信息技术人才	信息传输、计算机服务和软件业年底从业人员

续表

区位因素		指标及基础数据选取来源
空间因素	交通运输	公路线路里程
	空间环境	人口密度
人文因素	政治制度因素	参见第 4.3.1.1 节
	历史文化因素	参见第 4.3.1.2 节

资料来源：《中国城市统计年鉴》《中国金融年鉴》以及各省统计年鉴。

其中，经济因素、信息因素与空间因素数据都可以从《中国城市统计年鉴》《中国金融年鉴》中获取。人文因素也是影响金融业区位分布的重要因素，其中的政治制度因素和历史文化因素在下文中详细说明。另外，1986～1995 年间，由于某些指标缺失，需要做相应调整。使用科学研究与综合技术服务业人数度量信息技术创新能力；年末电话机数度量通信能力。1978～1985 年间，没有合适的指标度量信息技术创新能力，因此仅采用年末电话机数测度通信基础设施水平。

获取数据后，我们需要遵循以下基本步骤进行多重对应分析。

第一步，将经济因素、信息因素、空间因素变量进行离散化处理。常用的分组方法有根据正态分布情形划分、根据秩统计量划分、同等间隔划分。由于正态分布划分方法考虑到了变量的分布情形，在实际中一般采用该类方法对连续型刻度变量进行离散化处理，本章采用该方法对连续型变量进行离散化处理。

第二步，构建变量的行轮廓和列轮廓。变量进行离散化后，可以形成多维列联表。在多维列联表的基础上，构建频率矩阵。以二维的情形展示，如表 4－2 所示。

表 4－2　　频率矩阵

列	行				
	1	2	…	q	合计
1	p_{11}	p_{12}	…	p_{1q}	$p_{1.}$
2	p_{21}	p_{21}	…	p_{2q}	$p_{2.}$

续表

列	行				
	1	2	…	q	合计
⋮	⋮	⋮	…	…	…
p	p_{p1}	p_{p2}	…	p_{pq}	$p_{p.}$
合计	$p_{.1}$	$p_{.2}$	…	$p_{.q}$	1

频率矩阵是根据频数矩阵计算得到，在多重对应分析中，主要用到的是频率矩阵的最右侧形成的列向量和合计行形成的行向量，专业上被称为行边缘频率和列边缘频率，有时也称为行密度和列密度。

第三步，在频率矩阵的基础上，构建行轮廓和列轮廓矩阵，分别如式（4－1）和式（4－2）所示。

$$R=\begin{pmatrix} \frac{p_{11}}{p_{1.}} & \frac{p_{12}}{p_{1.}} & \cdots & \frac{p_{1q}}{p_{1.}} \\ \frac{p_{21}}{p_{2.}} & \frac{p_{22}}{p_{2.}} & \cdots & \frac{p_{2q}}{p_{2.}} \\ \cdots & \cdots & & \cdots \\ \frac{p_{p1}}{p_{p.}} & \frac{p_{p2}}{p_{p.}} & \cdots & \frac{p_{pq}}{p_{p.}} \end{pmatrix} \tag{4-1}$$

$$C=\begin{pmatrix} \frac{p_{11}}{p_{.1}} & \frac{p_{12}}{p_{.2}} & \cdots & \frac{p_{1q}}{p_{.q}} \\ \frac{p_{21}}{p_{.1}} & \frac{p_{22}}{p_{.2}} & \cdots & \frac{p_{2q}}{p_{.q}} \\ \cdots & \cdots & & \cdots \\ \frac{p_{p1}}{p_{.1}} & \frac{p_{p2}}{p_{.2}} & \cdots & \frac{p_{pq}}{p_{.q}} \end{pmatrix} \tag{4-2}$$

实际上，行轮廓是列轮廓各行的加权平均，列轮廓也是行轮廓各项的加权平均。

第三步，计算总惯量，检验变量之间的关系。总惯量的计算公式为：

$$\text{总惯量}=\frac{\chi^2}{n}=\sum_{i=1}^{p}\sum_{j=1}^{q}\frac{(p_{ij}-p_{i.}\times p_{.j})^2}{p_{i.}\times p_{.j}} \tag{4-3}$$

第四步，计算行轮廓、列轮廓的坐标，形成对应分析图。第 i 行轮廓可以表示为各列轮廓的加权平均值。第 j 列轮廓也可以表示为各行轮廓的加权平均值。并且，各行点和各列点在第 i 坐标轴上的坐标平方的加权平均都等于第 i 主惯量。因此，可以将行点和列点置于同一个坐标体系中，并使用同一坐标刻度，形成对应分析图。

第五步，观测对应分析图的方法。一般可以应用两大定理分析对应分析图。余弦定理和原点定理。余弦定理是指从变量之间的夹角判断变量之间的亲疏关系，如果夹角越小，说明变量之间的关系越密切。原点定理是指如果某点离原点越远，则说明该点的个性越鲜明，与其他点的差异越大，从统计学的角度说明越有意义。

4.3.1.1 政治制度因素

根据前述有序样本聚类结果，我国金融业发展可划分为三个阶段：1978 ~ 1985 年，1986 ~ 1995 年和 1996 ~ 2017 年。在不同阶段，国家实行不同的金融业发展政策，具体如下：

（1）1978 ~ 1985 年间，我国金融体系开始得到恢复与建立。在 1978 年之前，我国只有中国人民银行一家银行，并且在“文化大革命”期间，中国人民银行被并入财政部，也就是说在 1978 年之前中国并不存在现代意义上的金融体系。1978 年五届全国人大会议决定，中国人民银行脱离财政部，这标志着中国金融体系开始恢复与建立。之后，中国人民银行打破只允许银行发放流动资金贷款的陈条，率先开办中短期设备贷款。1979 年 2 月，中国农业银行重新恢复成立。1979 年 3 月，中国人民银行将外汇统一经营和集中管理的全国外汇业务分离，成立中国银行；国家外汇管理局同时设立。1979 年 10 月，作为中国第一家信托投资公司——中国国际信托投资公司成立，揭开了中国信托业发展的序幕。1980 年，河北省成立全国第一家城市信用社。1983 年，中国建设银行重建。从 1984 年 1 月 1 日起，中国人民银行剥离对企业和个人的信贷业务，新设中国工商银行。中国人民银行成为专门行使金融管理、制定和实施货币政策等职能的中央银行，至此，中央银行制度的基本框架初步确立。1984 年 11 月 14 日，上海飞乐音响股份有限公司公开向社会发行了不偿还的股票，这是中国改革开放后第一张真正意义上的股票，标志着改革开放后的中国揭开了资本市场的神秘面纱。

在这一阶段，我国中央银行制度框架基本确立，主要国有商业银行基本成型，资本市场上股票开始发行，保险业开始恢复，适应新时期改革开放要求的金融体系初显雏形。但我国仍然实行高度集中、计划性管理的金融制度，金融结构体系也不完善，缺乏金融监管当局和金融监管的法律法规。

（2）1986～1995 年，国家开始着手对金融业进行改革，我国处于金融体系全面建设期。金融改革主要体现在：金融业企业式管理替代机关式管理，打破原有固定的银行资金分配方式，打破银行之间的业务限制，增加金融业的活力；通过立法加强对金融业的监管，使我国金融业监管向法制化方向迈出了第一步。这一阶段内，我国金融业发展仍处于探索、改革阶段，带有明显的计划性和行政性。具体来说，国家采用逐步走的政策实施。1986 年，国务院正式颁布《中华人民共和国银行管理暂行条例》，这一管理条例的颁布意味着中国银行业监管向法制化方向迈出了重要的一步。1986 年中国人民银行又颁布了《城市信用合作社管理暂行规定》，标志着城市信用社的发展步入正轨。1990 年 11 月，上海证券交易所成立，中国证券市场的发展开始了一个崭新的篇章。1992 年 10 月，国务院证券委员会和中国证监会宣告成立。国务院证券委和中国证监会的成立迈出了我国金融业“分业经营、分业监管”的第一步，标志着中国证券市场统一监管体制开始形成。1993 年 12 月，国务院颁布《关于金融体制改革的决定》，明确了中国人民银行制定并实施货币政策和实施金融监管的两大职能，并明确提出要把我国的专业银行办成真正的商业银行。至此，专业银行的发展正式定位于商业银行。与此同时，银行类金融机构（例如，交通银行、中信实业银行、深圳发展银行）和非银行类金融机构（中国国际信托投资公司、中国东方租赁有限公司）纷纷成立，信托、融资租赁、基金行业开始出现。这段时期的金融开始向法制化发展，体系更加完善，中国人民银行领导下的商业银行的职能开始逐渐明晰，业务范围开始扩大，银行金融机构开始建立，资本市场开始发展，股票交易、期货等陆续规范，使金融体系更加适应市场经济需求，并为推动经济高速发展奠定了基础。

（3）从 1996 年开始，随着《国务院关于金融体制改革的决定》的颁布我国金融发展进入了一个全新的历史时期，我国开始将专业银行转变成商业银行，金融体系进一步向法制化、规范化迈进。金融体系从事真正的商业性金融业务。同时，为真正落实银行转变的要求，国家从加强国有商业银行一级法人体制、建立商业银行经营机制、银行与所办经济实体脱钩、强化内部管理和风险控制、改进金融服务等方面，进行了一系列改革。1996 年，我国开始进行农村金融体制改革。1998 年，成立中国保监会，这是针对保险监管体制的重大改革，通过这一次改革，我国保险监管体系、分业管理体系得到了进一步完善。1999 年，上海期货交易所正式成立，这是我国金融创新化的一次伟大尝试。紧接着《中华人民共和国证券法》正式实施，推动资本市场的健康发展。通过一系列的改革与尝试，我国建立起科学的金融发展体系。中国人民银行担任全国的货币调控职能，中国银监会、中国证监会、中国保监会承担金融监管职能。金融体系各系统职能更加清晰完善，分工更加明确，期货等新兴金融业继续发展。2000 年后，我国金融体系发展进入加速期。2001 年 12 月，中国正式加入世界贸易组织（WTO），我国的金融业开始从政策开放（完全根据自己的需要决定对外开放的领域、程度和步调）转向制度性开放（需要根据 WTO 规定的一系列制度框架并参考国际最佳实践，按照既定时间表全面开放金融业），金融业的改革步伐明显加快。2003 年中国银监会成立后，立即着手四大商业银行的股份制改造及上市工作，中国金融改革全面提速，中国金融管理“一行三会”的格局形成。经过三次变革后，央行实现了货币政策与证券、保险、银行监管职能的分离，专注于“制定和执行货币政策，维护金融稳定，提供金融服务”这三大支柱职能。同时，中国银监会与中国证监会、中国保监会一道，构筑了一个严密的监管体系，全方位地覆盖银行、证券、保险三大市场。随后，成立中央汇金公司，代表国家对中国银行和中国建设银行等重点金融企业行使出资人的权利和义务。此后，国有金融机构的重组启动，在财务重组、引进战略投资者和机构重组的基础上，国有四大商业银行陆续完成股份制改造，并在上海和香港上市。上市不仅使四大银行经过业务、人员、资产等重组而得以“脱胎换骨”，而且使其置于市场的完全监督之下。国家经过十几年的发展，我国金融业总资产大幅增长，资本实力、资产质量和经营效益不断提高，金融机构已从单一走向多元，形成多种形式并存、功能互补、协调发展的多样化体系。中国证券业在行业规模、产业结构布局、治理方法和监管制度等方面基本具备了一个相对完整的现代金融行业形态。证券公司在定向增资、上市融资、引入战略投资者、增加公积金和风险准备金等政策支持下，不断充实资本，完善资本补充机制，加速行业整合和外延式发展。这一阶段，我国金融业处于蓬勃发展时期，逐步走向对外开放，开始注重金融体系与整个经济体系、金融体系内部不同市场之间的均衡以及相互的协调和统筹。

与此同时，北京、上海、广东、重庆、浙江等地一直是我国金融政策、金融创新的试点城市，这在一定程度上为这些城市的金融业建设增加强劲动力，适应经济社会发展和区域协调发展。本章收集 1996 年以来我国金融创新、金融试点的相关政策，如表 4 –3 所示。

表 4 –3　　金融试点

年份	金融试点项目	试点城市
1996	外资金融机构经营人民币业务试点	上海
1997	上海票据清理和分送系统试点	上海
	人民币远期结售汇业务	上海、北京、天津、深圳
1998	汽车消费贷款业务试点	北京
	“清理信贷资产、改进贷款分类”试点	广东
1999	上海期货交易所试营业	上海
	上海浦东发展银行 A 股上网发行	上海
2001	农村信用社试点	江苏
2002	“银联”标识卡首批试点城市	北京、上海、广州、杭州、深圳
	境外投资外汇管理改革试点	浙江、江苏、上海、山东、广东、福建、北京、天津、四川、黑龙江、重庆、广西、湖北、海南
2003	金融体制改革试点	温州
	外资银行外汇贷款管理改革试点	上海
2005	上市公司股权分置改革试点	上海和深圳证券交易所
2009	离岸金融试点	上海、天津
2010	消费金融公司试点	北京、上海、天津
2011	营业税改征增值税试点	上海
	促进科技和金融结合试点	北京、天津、上海、浙江、江苏、安徽、武汉、长沙、重庆、深圳、成都、大连、青岛等 16 个地区

续表

年份	金融试点项目	试点城市
2012	金融综合改革试验区	广东珠江三角洲、福建泉州、深圳、天津、浙江丽水农村金融改革试点
2013	国务院正式批准设立中国（上海）自由贸易试验区	上海
2014	首批民营银行挂牌成立	天津、温州、浙江、上海
	沪港通获批正式开闸	上海、香港
2015	第一批试点 5 家民营银行开业	深圳、上海、温州、浙江、天津
2016	新批筹 11 家民营银行	武汉、吉林、安徽、江苏、上海、浙江、深圳、温州、重庆、长沙、福州
	地方性银行 A 股上市	江苏
2017	传统金融机构布局金融科技	上海、浙江、深圳

资料来源：根据《金融 60 年大事记》整理。

根据上述资料，本章将政治制度因素定义为名义型变量，“1”代表在 1978～1995 年时间段，国家政策不支持金融业发展。“2”代表在 1996～2017 年时间段，国家政策不支持金融业发展。“3”代表在 1996～2017 年时间段，国家政策支持金融业发展。赋值规则如表 4－4 所示。

表 4－4　政治制度因素赋值规则

取值	时间范围	省区市
1	1978～1995 年	所有样本地区
2	1996～2017 年	安徽、贵州、河南、湖南、吉林、江西、辽宁、内蒙古、陕西、山西、西藏、新疆、甘肃、云南、宁夏、青海、西藏、河北
3	1996～2017 年	浙江、江苏、上海、山东、广东、福建、北京、天津、四川、黑龙江、重庆、广西、湖北、海南

资料来源：根据《金融 60 年大事记》整理。

4.3.1.2　历史文化因素

历史文化是一种独特而重要的资源。它对改造客观世界、协调社会关系、推动社会经济发展起到了潜移默化的作用。从历史文化因素看，历史上重要的金融中心为现代金融区位选择做了重要铺垫。北京自元代以来就是全国的商业贸易中心。到明清两代，金坊、银号、商贾富豪大都集聚于北京，这也是北京金融中心地位的萌芽。到清末，户部银行设于北京。民国时期，大陆、金城、中国实业各银行纷纷设于北京。历史的长河，为北京积淀了浓厚的金融氛围，形成先进的技术、金融制度和先进的经营管理理念。因此，北京成为我国现代金融中心不足为奇。

鸦片战争以前，票号和钱庄是我国金融组织的主要形式，主要以平遥、太谷和祁县三地的商人为主，形成了历史上有名的“日昇昌”票号和“蔚泰厚票号”。他们在若干商业城市中设立了分号，形成了一个以兑汇为主、以存放款为辅的金融体系。其中，日昇昌票号分别在北京、苏州、扬州、重庆、三原、开封、广州、汉口、常德、南昌、西安、长沙、成都、清远、济南、张家口、天津、河口、杭州、湘潭、桂林设立了分号。蔚泰厚票号分别在北京、苏州、汉口、常德、沙市、沈阳、上海、广州、重庆、成都、沙市、三原、扬州、常德、湘潭、南昌设立了分号。这些分号的设立不仅为全国商品的流通起了积极作用，也逐渐促进了这些城市金融萌芽的发展。

因此，本章将历史文化因素定义为名义型变量，具体赋值如表 4－5 所示。

表 4－5　历史文化因素赋值规则

取值	省区市
1	西藏、青海、海南、宁夏、甘肃、新疆、贵州、陕西、内蒙古、河南、吉林、黑龙江
2	湖南、云南、江西、广西、安徽、四川、山西、湖北、重庆、河北、辽宁、天津、福建、山东、北京、上海、江苏、浙江、广东

资料来源：根据《晚清钱庄和票号研究》相关内容整理。

4.3.1.3　数据预处理

多重对应分析是寻求多元分类变量之间联系的一种低维图形表示法，方便从直觉上揭示不同变量各个类别间的差异。在多重对应分析之前，首先要对数据进行预处理，将刻度型变量转换成名义型变量。本章采用 SPSS 软件中的可视离散化模块，将第三产业就业人员比重、地区金融机构总部数、实际外商直接投资额、各省份专利数、互联网用户数、信息传输、计算机服务和软件业年底从业人数、公里线路里程、人口密度转变成名义型变量。1978～1995 年间，政治制度对金融的支持赋值均为 1，因此该阶段政治制度因素不参与多重对应分析。

4.3.2 实证检验分析

1978～1985 年，1986～1995 年，1996～2017 年多重对应分析结果分别如图 4-2 至图 4-4 所示。

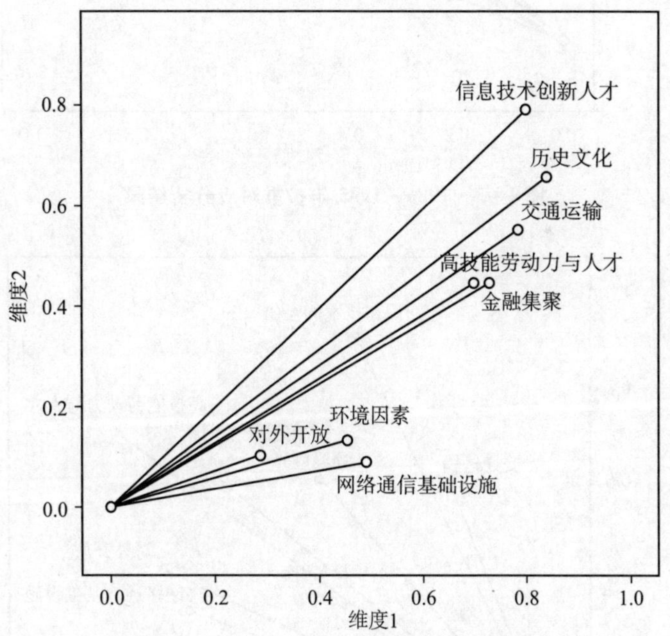

图 4-2　1978～1985 年多重对应分析结果

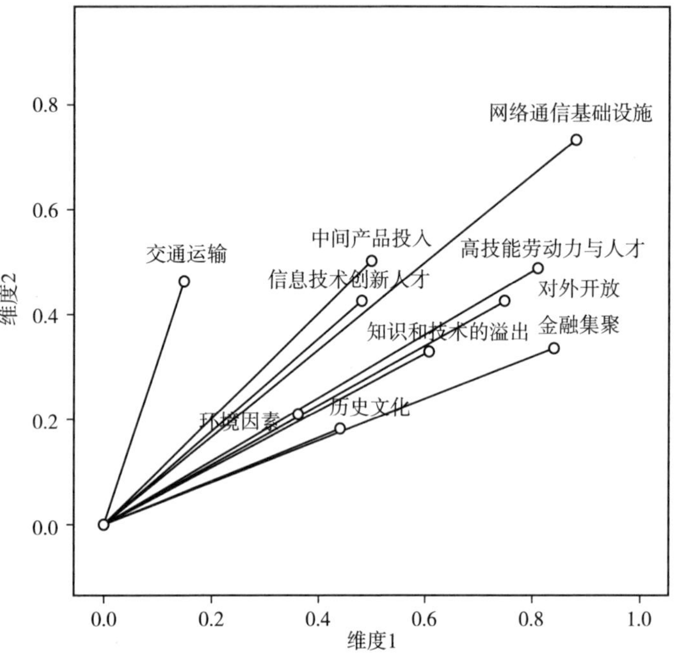

图 4－3　1986～1995 年多重对应分析结果

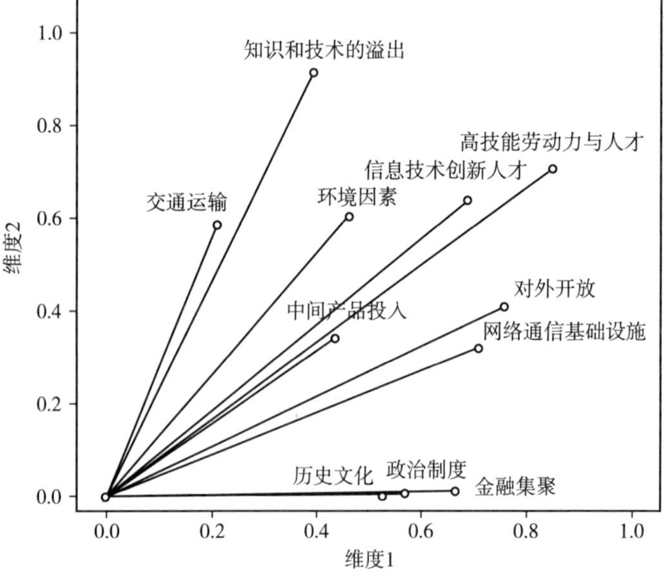

图 4－4　1996～2017 年多重对应分析结果

图 4 –2 显示，1978 ~1985 年间，影响金融业区位分布的主导因素依次为：高技能劳动力与人才、交通运输、历史文化、对外开放、环境因素、网络通信基础设施、信息技术创新人才。图 4 –3 显示，1986 ~1995 年间，影响金融业区位分布的主导因素依次为：历史文化、知识和技术的溢出、对外开放、环境因素、高技能劳动力与人才、网络通信基础设施、信息技术创新人才、中间产品投入、交通运输。图 4 –4 显示，1996 ~2017 年间，影响金融业区位分布的主导因素依次为：政治制度、人文历史、网络通信基础设施、对外开放、中间产品投入、高技能劳动力与人才、信息技术创新人才、空间环境、知识和技术的溢出、交通运输。

上述结果表明 1986 年以前，影响我国金融业区位分布的因素主要是经济因素、人文因素和空间因素。随后，信息因素的作用逐渐显现。1995 年之后，信息因素逐步取代传统的空间因素，成为影响金融业区位分布的关键因素之一。因此，信息技术对金融业区位分布的影响值得深入探讨。

4.4 本章小结

金融服务业无法创造物质产品，因而古典经济学家认为农业、采矿业和制造业是国民经济的基础部门，金融服务业等生产性服务业是国民经济的非基础部门。但是，进入 20 世纪 80 年代以后，服务业逐步成为全球经济发展的主要驱动力，因而金融服务业与其他生产性服务业一起开始纳入空间地理学家和经济学家的研究范畴。但金融服务业具有不同于其他生产性服务业的典型特征，其发展更依赖信息技术。随着信息技术在金融业触角的深入，信息技术或将成为金融业发展的颠覆力量。基于此，本章主要做了如下贡献：

首先，在系统梳理国内外文献的基础上，以马歇尔的古典区位论为基础，建立了金融服务业的区位因素体系，弥补了国内研究的相关空白，为我国金融中心建设、区域经济发展建设提供理论支撑。

其次，采用多重对应分析方法，分阶段分析了金融服务业的区位因素，结果显示，1979 ~1995 年，信息技术对金融业区位分布的影响并不显著，但 1996 年以后随着中国金融信息化的发展，信息技术逐步取代传统的空间因素成为影响金融业区位分布的关键因素之一。因此，信息技术对中国金融业区位分布的影响值得持续深入研究。

第5章 信息技术对我国金融业区位分布的影响

5.1 引　　言

金融业是较早使用信息技术的部门之一。电话、互联网等信息技术改变了信息传递的运动方式，使金融信息的传递、远距离访问、低成本获取成为可能，金融业也产生了一种全新的形式——互联网金融。互联网金融是信息技术飞速发展的产物，是适应电子商务发展需要而产生的网络时代的金融运行模式。它以信息网络技术为支撑、信息安全为保障、网络监管为护航，在国际互联网上开展的金融活动总称。从广义上讲，互联网金融包括网络金融机构、网络金融交易、网络金融市场和网络金融监管等。从狭义上讲，包括网络银行、网络证券、网络保险等金融服务与相关内容。我国互联网金融的发展可以分为四个阶段。2005 年以前，是互联网金融发展的初始阶段。2005 年以前我国互联网普及率不足 10%，网民数不足 11100 人，互联网金融主要为金融机构提供服务。例如，招商银行在 1997 年建立金融网站开通“一网通”服务，随后推出网上企业银行，为银企关系构建了新的高科技平台。2003 年和 2004 年淘宝和支付宝相继出现，网上转账、网上开设证券账户、互联网保险等互联网金融业务也相继诞生，预示着互联网金融时代全面到来。2005～2012 年是我国互联网金融发展的萌芽阶段。随着第三方支付平台的发展，互联网金融逐渐深入业务领域，第三方支付平台、网贷、众筹等相继出现。2012～2014 年是互联网金融的高速发展阶段。这段时间内，大量企业涌入互联网金融领域，互联网金融、互联网保险相继获批成立，信托、券商、基金等金融机构也开始布局互联网金融，为客户提供更便捷的一站式金融服务。我国所有国有银行、股份制银行、民营银行都建立了网上银行。资产量、存款量和贷款量数据显示，开展网上银行业务的商业银行所占比例已经超过了 90% 以上。国有银行开办网上银行业务的分支机构占其机构总数的 82.5%，这些分支机构的资产占银行总资产的比重为 73%，股份制银行相应的比例更高达 87.85% 和 97.5%，说明主要的金融分支机构都已介入网上银行的发展中来。从一站式金融服务来看，目前我国的网上银行具体可以完成转账汇款、投资理财、账户信息查询、外汇交易、信用卡服务、缴费服务等金融业务。转账汇款包括同城转账、异地汇款等功能。投资理财包括买卖黄金、股票、债券、基金等。账户信息查询能够给客户提供包括子卡在内的所有卡的基本信息，如余额、当日和历史明细、登录情况等功能。外汇交易给客户提供实时的外汇率、余额、交易明细等功能。信用卡服务给客户提供办卡、换卡、挂失、查询、还款等多功能服务。缴费服务给客户提供缴纳水、电、燃气、电话费等一些日常的生活服务。网络金融已经和人们的生活息息相关，以往人们需要去柜台办理的业务都可以通过互联网平台完成。2014 年至今，我国互联网金融发展呈现井喷之势，互联网金融加快着创新步伐。政府鼓励互联网金融发展，在政府工作报告中首次提出“促进互联网金融健康发展，完善金融监管协调机制”。微信理财、微信红包业务、微信红包“摇一摇”、百度钱包、小米积木盒子、微众银行、股权众筹、花呗、网贷平台、征信平台等互联网金融业务纷纷出现，互联网金融发展已经渗入个人、企业生活的方方面面。

互联网金融的快速发展对金融业产生了两方面的影响：一方面，市场的外部环境可能发生改变，真实的市场可能成为虚拟的市场；另一方面，金融服务的生产过程会变得逐步数字化。因此，信息技术有可能降低距离和位置的重要性。由此产生的问题是信息技术对金融活动区位的影响。例如，1992年布莱恩所言，经济活动与地理位置无关？或者地理位置仍然重要，但不同的地方聚集着不同的金融活动？如果没有其他影响因素，在第一种情况下，我们可以观测到一个完全分散化的金融活动空间。在第二种情况下，金融活动在地理上被分割，导致金融活动集聚在某些地区。前述研究结果表明，目前信息技术已逐渐成为金融业区位分布的重要影响因素。从金融信息化建设的外部环境看，1995 年以来我国信息通信技术迅速发展，互联网宽带上网人数从 1997 年的62 万人增加至 2018 年的 7.72 亿人，互联网普及率由 2002 年的 4.6% 增加到 2018 年的 57.3%；互联网宽带接入用户数由 2002 年的 325.3 万户增加到 2018 年的 40076.8 万户，为金融信息化提供了硬件保障，逐步形成金融信息化良好的外部环境。同时，互联金融已经渗透到企业、个人日常业务的方方面面。那么，信息技术是否促使我国金融业在地理上呈现分散化发展呢？本章研究拟从两个层面展开，首先，从宏观层面实证检验我国信息技术基础设施、信息技术人才与金融区位分布的互动关系。其次，分别以省域层面数据和城市案例为基础，分析自 1996 年我国金融信息化建设全面展开以来，信息技术是否降低了距离和地理位置的重要性，是否促进金融业呈现分散化发展。

5.2 信息技术与金融业区位分布的互动研究

多重对应分析结果显示，信息技术已经逐步取代传统交通因素成为影响金融业区位的主要因素。我国 31 个省区市 2010 年、2012 年、2015 年、2017 年金融业增加值、信息技术基础设施、信息技术人才的散点图（见图 5 - 1）显示金融业和信息技术发展存在明显的空间相关性，信息技术发展与金融业的空间集聚并非完全的随机状态，金融业发展与信息技术发展在空间上趋于集聚。

因此，本章首先采用向量自回归模型深入探讨信息技术与金融业区位分布的互动关系。

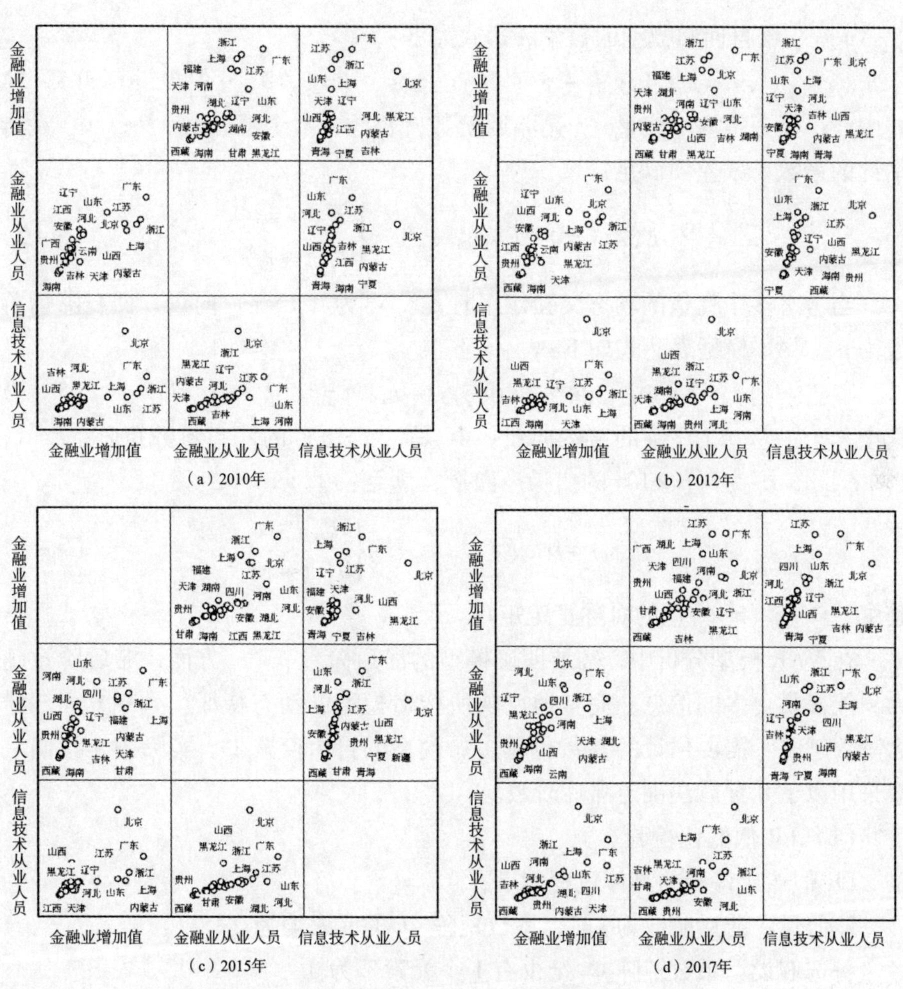

图 5－1　金融业区位分布散点图

5.2.1　向量自回归 VAR 模型

1980 年，向量自回归模型（vector autoregression，VAR）首次由西姆斯引入经济学中，并在经济系统的动态性分析中得到广泛应用。与传统的经济计量模型不同，该模型基于数据的统计性质建立模型，不需要严格的经济理论基础描述变量之间的关系。因此，该模型是研究多个经济变量动态关系中最容易操作的模型之一，在宏观经济分析中得到广泛应用。

p 阶一维自回归模型的数学表达式如下：

$$y_t = c + \Phi_1 y_{t-1} + \cdots + \Phi_p y_{t-p} + \varepsilon_t \quad t=1, 2, \cdots, T \tag{5-1}$$

式中，y_t 是一维内生变量，p 是滞后阶数，T 是样本个数。Φ_1，…，Φ_p 是待估计的系数。残差项满足：

$$E(\varepsilon_t)=0 \quad E(\varepsilon_t, \varepsilon_\tau)=\begin{cases}\sigma^2, & t=\tau\\ 0, & t\neq\tau\end{cases} \tag{5-2}$$

当考虑多个变量的动态交互作用时，设 y_t 为（$n\times1$）向量，回归滞后阶数为 p，VAR 模型表达式如下：

$$y_t = c + \Phi_1 y_{t-1} + \cdots + \Phi_p y_{t-p} + \varepsilon_t, \quad t=1, 2, \cdots, T \tag{5-3}$$

其中，c 为（$n\times1$）维的常数向量，Φ_i 是（$n\times n$）的回归系数矩阵，$i=1$，2，…，p，ε_t 为（$n\times1$）的白噪声向量，满足：

$$E(\varepsilon_t)=0 \quad E(\varepsilon_t, \varepsilon_\tau)=\begin{cases}\Omega, & t=\tau\\ 0, & t\neq\tau\end{cases} \tag{5-4}$$

其中，Ω 是（$n\times n$）的对称正定矩阵。

在 VAR 模型分析中，需要明确模型的滞后阶数 p。一方面，滞后阶数越大，能提供更多的信息，完整地反映所构造模型的动态特征。另一方面，滞后阶数越多，需要估计的参数也越多，模型的自由度减少。实际中，我们一般采用以下几种方法确定滞后阶数。

（1）LR 似然比检验。

LR 似然比检验的具体过程如下：

原假设：滞后阶数为 j 时，系数矩阵 Φ_j 的元素均为 0；

备选假设：系数矩阵 Φ_j 至少有 1 个元素不为 0。

$$LR=(T-m)\left\{\ln\left|\hat{\sum}_{j-1}\right|-\ln\left|\hat{\sum}_{j}\right|\right\}\sim\chi^2(k^2) \tag{5-5}$$

式中，m 是可选择的其中一个方程中的参数个数；$m=d+kj$，d 是外生变量的个数，k 是内生变量的个数，$\hat{\sum}_{j-1}$ 和 $\hat{\sum}_{j}$ 分别表示滞后阶数为 $j-1$ 和 j 的 VAR 模型的残差协方差矩阵的估计。

当 $LR>\chi^2_{0.05}$时，拒绝原假设；否则接受原假设。每次减少一个滞后阶数，直到拒绝原假设。

（2）AIC 信息准则和 SC 准则。

在实际研究中，大家比较常用的方法还有 AIC（akaike information criterion）信息准则和SC（schwarz criterion）信息准则。其计算公式可分别由以下表达式给出：

$$AIC = -2\frac{l}{T} + \frac{2n}{T}$$

$$SC = -2\frac{l}{T} + \frac{2\ln T}{T} \tag{5-6}$$

式中，$n=k(d+pk)$ 是被估计参数的总数，k 是内生变量的个数，d 是外生变量的个数，p 是滞后阶数；T 是样本长度；$l=-(Tk/2)(1+\ln 2\pi)-T/2\ln|\hat{\sum}|$

AIC和SC信息准则要求统计量的值越小越好。因此，实际中，AIC和SC信息准则适合比较不同模型的优劣，通过模型比较选择最优模型。

5.2.2 向量自回归模型的设定与检验

为考察信息技术与金融业区位分布的互动关系，建立由金融集聚指标、信息技术固定资本投入和信息技术人才三变量构建的VAR模型。

5.2.2.1 数据来源与变量处理

与本书第3章一致，选用各省金融业增加值数据，行业集中度测算方法计算1996~2017年以来31个省份金融集聚程度。实证模型中所需要的指标数据和估计方法如表5-1所示。

$$R_i = \frac{\text{省份 } i \text{ 金融业增加值}}{\text{全国金融业增加值}} \tag{5-7}$$

表5-1　　　　模型变量及指标选择列表

模型中的变量	指标	估计方法及基础数据选取来源
R	金融集聚	《中国统计年鉴》及各省统计年鉴，计算方法见式（5-7）
E	信息技术固定资本存量	采用永续盘存法，借鉴张军和徐现祥的估计方法，基本数据来源于《中国统计年鉴》及各省统计年鉴
S	信息技术年末从业人员	《中国统计年鉴》及各省统计年鉴

5.2.2.2 平稳性检验与滞后阶数检验

向量自回归模型之前，需要对各变量的平稳性进行检验。对模型中的三个变量取对数一阶差分后可得到平稳性检验结果，如表5-2所示。

表5-2　　平稳性检验结果

变量	检验	ADF 检验值	P 值
ln$R$	零阶差分检验	-4.273	0.002***
ln$E$	一阶差分检验	-3.672	0.013***
ln$S$	一阶差分检验	-3.881	0.000***

注：***、**和*分别表示在1%、5%和10%的水平上显著。

结果显示，在0.01的显著性水平下，ln$R$与一阶差分后的ln$E$、ln$S$均是平稳序列。

为了确定模型的最佳滞后阶数，先选择最大滞后阶数7，得到结果如表5-3所示。

表5-3　　滞后阶数检验

滞后期	LR 似然比检验	AIC 信息准则	SC 信息准则	HQ 信息准则
0	—	-12.60	-14.18	-14.95
1	83.95*	-13.23	-14.26*	-15.70*
2	105.1	-16.67*	-13.63	-13.53
3	78.49	-16.04	-13.12	-13.44
4	74.29	-13.66	-14.20	-14.92
5	38.34	-14.97	-13.61	-13.31
6	15.27	-13.65	-15.08	-14.10
7	11.35	-14.39	-14.66	-14.51

注：表中*表示根据相应准则选定的最佳滞后阶数。

根据极大似然函数、赤池（AIC）信息准则、施瓦兹（SC）准则和HQ

信息准则一致选定 VAR 模型的滞后阶数为 1。因此建立金融集聚的一阶向量自回归模型。

采用最小二乘法估计 VAR 模型，结果如表 5-4 所示。

表 5-4　　金融集聚 VAR 模型估计结果

变量	回归系数	P 值
$\ln R(-1)$	0.42	0.021**
$D\ln E(-1)$	1.89	0.001***
$D\ln S(-1)$	0.03	0.062*
c	0.05	0.023**
R^2	0.802	

注：***、** 和 * 分别表示在 1%、5% 和 10% 的水平上显著。

模型中所估计的系数在 0.10 的水平下显著，说明模型稳定且整体解释力较强，这个回归结果可信，可以作为进一步分析的依据。

5.2.3　格兰杰因果分析

格兰杰以时间序列的可预测性来定义因果关系：如果变量 X_t 过去和现在的信息有助于改进对变量 Y_t 的预测，则存在着从 X 到 Y 的因果关系；如果变量 Y_t 过去和现在的信息有助于改进对变量 X_t 的预测，则存在着从 Y 到 X 的因果关系。格兰杰因果分析是 VAR 模型的一个重要应用，可用于分析经济时间变量之间的因果关系。

格兰杰因果检验的主要步骤如下。

第一步：检验原假设 H_0：X 不是引起 Y 变化的格兰杰原因。

首先，估计两个回归模型。

无约束回归模型：

$$Y_t = \alpha_0 + \sum_{i=1}^{p} \alpha_i Y_{t-i} + \sum_{i=1}^{q} \beta_i X_{t-i} + \varepsilon_t \tag{5-8}$$

有约束的回归模型：

$$Y_t = \alpha_0 + \sum_{i=1}^{p} \alpha_i Y_{t-i} + \varepsilon_t \tag{5-9}$$

上述两个回归模型中，α_0 表示常数项；p 和 q 分别为变量 Y 和 X 的最大滞后期数，通常可以取得稍大一些；ε_t 为白噪声。

然后，计算残差平方和，构造 F 统计量。

$$F = \frac{\frac{(RSS_r - RSS_u)}{q}}{\frac{RSS_u}{(n-p-q-1)}} \sim F \tag{5-10}$$

式中，n 为样本容量。

如果 F 值大于临界值，则回归模型中的系数显著不为零，应拒绝原假设 H。即 X 是引起 Y 变化的格兰杰原因。反之，则不能拒绝原假设，即 X 不是引起 Y 变化的格兰杰原因。

第二步：调换 Y 与 X 的原因，仿照第一步检验原假设 H_0：Y 不是引起 X 变化的格兰杰原因。

第三步：如果我们要得到"X 是 Y 的格兰杰原因"，必须同时拒绝原假设"X 不是引起 Y 变化的格兰杰原因"和接受原假设"Y 不是引起 X 变化的格兰杰原因"。

根据向量自回归模型的回归结果，采用 EViews 6.0 计算，可得金融集聚、信息技术固定资本投入（以下简称信息资本）和信息技术人才投入（以下简称信息人才）的格兰杰因果关系如表 5-5 所示。

表 5-5　金融集聚的格兰杰因果检验

项目	原假设	χ^2 统计量	自由度	P 值
R 方程	信息资本投入不能格兰杰引起金融集聚	3.61	1	0.051**
	信息人才投入不能格兰杰引起金融集聚	3.15	1	0.092*
	信息资本投入、信息人才投入不能格兰杰引起金融集聚	3.69	2	0.062*
$D\ln E$ 方程	金融集聚不能格兰杰引起信息资本投入	7.73	1	0.000***
	信息人才投入不能格兰杰引起信息技术投入	0.34	1	0.560
	金融集聚、信息人才投入不能格兰杰引起信息资本投入	7.74	2	0.027**

续表

项目	原假设	χ^2 统计量	自由度	P 值
DlnS 方程	金融集聚不能格兰杰引起信息人才投入	1.17	1	0.021**
	信息资本投入不能格兰杰引起信息人才投入	1.60	1	0.026**
	金融集聚、信息资本投入不能格兰杰引起信息人才投入	2.08	2	0.010**

注：***、** 和 * 分别表示在 1%、5% 和 10% 的水平上显著。

从表 5-5 的结论来看，在 0.10 的显著性水平下，信息资本投入、信息人才投入是引起金融集聚的格兰杰原因。这说明信息技术基础设施、信息技术人才空间分布是影响金融业区位分布的重要原因。同时，金融集聚也是促进信息技术固定资本投入、吸引信息技术人才的格兰杰原因。金融集聚也促进了区域信息技术的发展。

格兰杰因果检验明确了信息技术基础设施水平、信息技术人才与金融集聚的互动关系。研究结论表明：信息技术资本投入、信息技术创新人才与金融集聚存在彼此促进的关系。一方面，金融发展的货币电子化、网络化、信息化离不开优越的信息技术、网络通信基础建设。信息技术的基础设施建设为金融发展提供了必要的硬件平台。不仅如此，信息技术还是提高金融业创新能力和竞争能力的关键因素。金融产品创新、金融技术创新和金融制度创新离不开信息技术的支持。信息技术研发中心、信息技术高科技人才密集区域已逐步成为金融业的创新源。另一方面，金融区位分布也影响了信息技术的发展。金融集聚区域为信息技术基础设施、网络信息建设提供了庞大的资金支持，从而保证了区域的信息化进程。其次，金融产品创新、金融技术创新、金融体系的建立对软件、设备、计算机、网络安全性不断提出新的要求，促进信息技术创新，吸引更多信息技术创新人才就业，从而推动了信息技术进步。

5.3 信息技术对金融地理分布的影响

金融活动的区位分布受政策制度、历史文化的惯性影响较大。然而，国际有研究表明在通信技术、金融全球化的推动下，金融地理分布已悄然发生改变。在城市层面上，金融郊区化逐渐显现。在区域层面或国家层面上，金融集聚活动更加紧密。而在国际层面上，金融活动的分散化已被观测，并随之产生了一些新的专业化程度较高的国际金融中心，如上海、孟买[182-183]。基于中国数据的实证研究显示信息技术与金融集聚互为格兰杰因果关系。那么，在省域层面和城市层面上，信息技术是否促进金融活动更加集聚或分散？以下研究将从这两个角度展开。

5.3.1 省域层面的分析

以1996年、2005年、2010年和2017年31个省份的金融集聚指标为基础，采用SPSS 18.0软件进行探索性数据分析。探索性数据分析能得到描述性统计分析表和直方图。描述性统计分析表5-6中的均值、标准差、偏度、峰度能刻画金融集聚指标*R*的总体分布情形。描述性统计分析结果显示，1996年、2005年、2010年和2017年金融集聚的平均值、中位数和方差基本保持不变。这表明1996年至今，我国金融业集聚的总体水平变化不大，金融集聚均值为0.0323，方差为0.001。直方图更为细致地描述了金融集聚指标的分布。各年的直方图显示金融集聚变量*R*并没有出现如O'Brien估计的分散化发展。1996年、2005年、2010年和2017年的直方图显示，金融集聚指数的分布并没有呈现完全分散化的特征。尤其值得注意的是，2015年和2017年的直方图非常明确地支持了特肖格尔的结论：金融活动在地理上被分割，金融活动持续集聚在某些地区。

表5-6　　金融集聚指标的描述性统计分析

年份	统计量	统计值	标准误
1996	均值	0.0323	0.00499
	中位数	0.0254	
	方差	0.001	
	偏度	1.071	0.421
	峰度	0.263	0.821

续表

年份	统计量	统计值	标准误
2005	均值	0.0323	0.00636
	中位数	0.0191	
	方差	0.001	
	偏度	1.814	0.421
	峰度	2.876	0.821
2010	均值	0.0323	0.00639
	中位数	0.0187	
	方差	0.001	
	偏度	1.562	0.421
	峰度	1.217	0.821
2017	均值	0.0323	0.00600
	中位数	0.0207	
	方差	0.001	
	偏度	1.575	0.421
	峰度	1.395	0.821

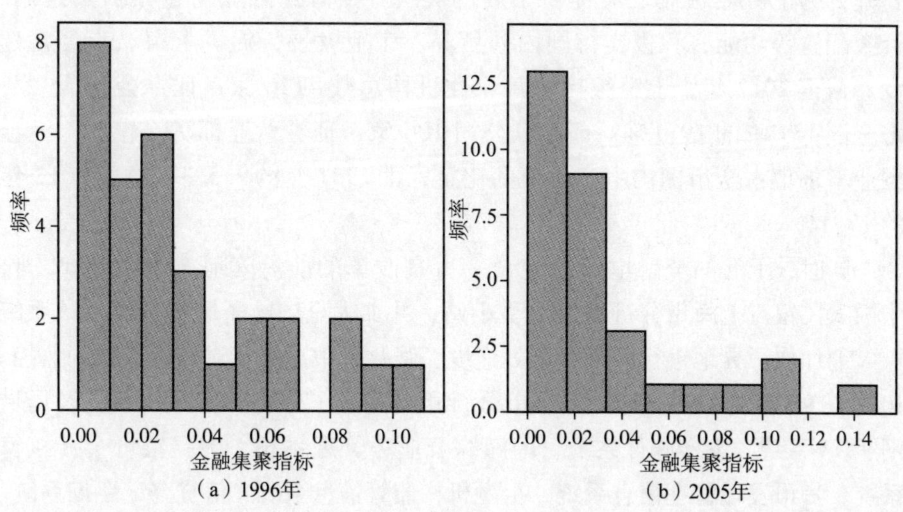

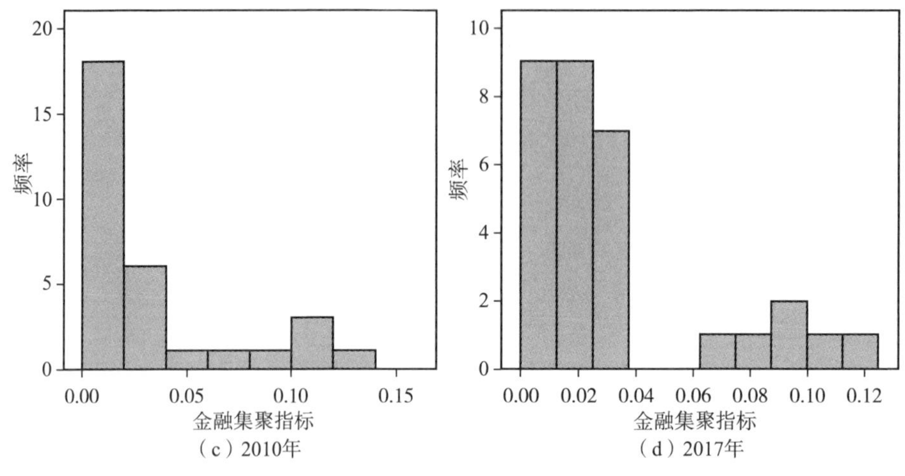

（c）2010年　（d）2017年

图 5－2　金融集聚直方图

5.3.2　以上海为案例的城市层面的分析

历史上，上海曾是我国最大的金融中心，也是远东重要的国际金融中心之一。据 1946 年 6 月民国数据统计资料显示，新中国成立前，上海集中了全国 43.5% 的银行、钱庄的存款额。新中国成立后，中共第十一届三中全会的召开，为上海金融业发展提供了新的契机。上海金融业通过其信贷运用、资金配置等功能，积极支持国内外贸易、工业发展，促进上海城市经济建设。截至 2017 年，上海银行业营业性机构总数 4116 家；证券公司 25 家，占全国 131 家的 19.1%；证券分公司 106 家，证券营业部 736 家。上海金融业增加值占全市国内生产总值的比重，由 1981 年的 2.5% 上升到 2012 年的 17.1%。

同时，上海的金融电子化建设一直是改革的前沿阵地。1991 年 11 月，中国人民银行上海市分行建成卫星小站，并加入全国电子联行系统。该系统极大地加快了异地银行间资金汇划速度，强化了中央银行对资金流量的监控。20 世纪 90 年代中期以后，上海市分行相继完成了分行综合布线系统及局域网、OA 系统、电子邮件系统、国库综合业务管理系统、中央银行会计核算系统、货币发行管理信息系统、金融机构监管信息系统、信贷登记咨询系统、人事管理信息系统等重要业务系统的建设。这些系统的运行大大提高了分行电子化建设水平，计算机在业务系统的中的应用得到广泛普及。不仅如此，随着计算机、网络通信、Internet 等技术的飞速发展，银行业在不断完善自身网络系统的同时，还以信息技术为依托不断开发出新型金融产品，如 ATM、手机银行、电话银行、网络银行等。这些新型金融产品突破了传统业务受时空限制的特点，为顾客提供了更为方便快捷的手段，拉近了顾客与客服的距离。因此，本章以上海为案例研究对象有其典型意义。

5.3.2.1 新中国成立前上海金融业空间格局

新中国成立前，上海金融机构主要集聚在外滩（今黄浦区），其区位的选择有着深厚的历史原因。1845 年，清政府与英国签订《上海土地章程》，议定黄浦江以西，洋泾浜以北，李家场（厂、店）今北京东路以南地区为英人居留地。次年议定以界路（今河南中路）为西界，占地 830 亩，租界开始形成，并不断扩张。之后，外国商人接踵而来，建房开设洋行。至 1875 年，外国洋行增至 157 家，大量劳动力涌入，商业开始兴旺。上海外滩逐渐成为上海及全国金融业、进出口贸易的集中之地，银行林立，有“东方华尔街”之美誉。以上海银行机构为例，1937 年上海银行机构基本集聚在外滩（如表 5－7 所示）。至 1949 年 5 月，上海外滩地区有金融机构 476 家，其中银行 146 家，信托公司 13 家，钱庄 80 家，外资保险公司 63 家，华资保险公司 174 家。

表 5－7　　1937 年总行或总管理处设在上海的银行情况

行名	类别	开业年月	地址	所属区
中央银行	官办	1928 年 11 月	黄浦滩 15 号（今中山东一路）	黄浦区
中国银行	官办	1912 年 2 月	汉口路 50 号	黄浦区
交通银行	官办	1908 年 3 月	汉口路外滩 14 号	黄浦区
中国农民银行	官办	1933 年 4 月	北京路同和里（今北京东路）	黄浦区
邮政储金汇业局	官办	1930 年 3 月	江西路 171 号（今江西中路）	黄浦区
上海市银行	官办	1930 年 2 月	天津路 66 号	黄浦区
江苏银行	官办	1912 年 3 月	江西路 37 号（今江西中路）	黄浦区
大中银行	商办	1919 年 3 月	河南路 501 号（今河南中路）	黄浦区

续表

行名	类别	开业年月	地址	所属区
大来商业储蓄银行	商办	1930 年 9 月	宁波路 77 号	黄浦区
大亚银行	商办	1934 年 10 月	天津路 19 号	黄浦区
大陆银行	商办	1919 年 4 月	九江路 111 号	黄浦区
大康银行	商办	1934 年 8 月	宁波路 112 号	黄浦区
上海女子商业储蓄银行	商办	1924 年 5 月	南京路 480 号（今南京东路）	黄浦区
上海永亨银行	商办	1918 年 1 月	宁波路 266 号	黄浦区
上海至中商业储蓄银行	商办	1933 年 10 月	南京路 480 号（今南京东路）	黄浦区
上海商业储蓄银行	商办	1915 年 4 月	宁波路 266 号	黄浦区
上海通和商业储蓄银行	商办	1925 年 5 月	宁波路 144 号	黄浦区
中孚银行	商办	1916 年 11 月	宁波路 50 号	黄浦区
中和商业储蓄银行	商办	1931 年 7 月	宁波路 4 号	黄浦区
中南银行	商办	1921 年 7 月	汉口路 110 号	黄浦区
中国通商银行	官商合办	1897 年 5 月	黄浦滩 7 号（今中山东一路）	黄浦区
中华商业储蓄银行	商办	1911 年 11 月	北京路 290 号（今北京东路）	黄浦区
中汇银行	商办	1929 年 3 月	爱多亚路 143 号（今延安东路）	黄浦区
四明商业储蓄银行	官商合办	1908 年 8 月	北京路 240 号（今北京东路）	黄浦区
民孚商业储蓄银行	商办	1933 年 12 月	天津路 40 号	黄浦区
永大银行	商办	1935 年 6 月	宁波路 24 号	黄浦区
正明商业储蓄银行	商办	1934 年 12 月	宁波路 103 号	黄浦区
江海银行	商办	1934 年 3 月	宁波路 109 号	黄浦区
光华商业储蓄银行	商办	1934 年 5 月	宁波路 121 号	黄浦区
辛泰银行	商办	1933 年 10 月	河南路 148 号（河南中路）	黄浦区
莱银行	商办	1920 年 2 月	天津路 85 号	黄浦区
金城银行	商办	1917 年 5 月	江西路 200 号（今江西中路）	黄浦区
亚洲银行	商办	1934 年 11 月	宁波路 89 号	黄浦区
恒利银行	商办	1928 年 6 月	天津路 100 号	黄浦区
建华银行	商办	1935 年 9 月	宁波路 86 号	黄浦区
浙江兴业银行	商办	1907 年 10 月	北京路 230 号（今北京东路）	黄浦区

续表

行名	类别	开业年月	地址	所属区
浦东商业储蓄银行	商办	1928年3月	爱多亚路284号（今延安东路）	黄浦区
国信银行	商办	1935年3月	汉口路422号	黄浦区
国华银行	商办	1928年1月	北京路342号（今北京东路）	黄浦区
淳叙商业储蓄银行	商办	1921年9月	乍浦路63号	虹口区
统原商业储蓄银行	商办	1932年8月	北京路330号（今北京东路）	黄浦区
惠中商业储蓄银行	商办	1933年10月	天津路59号	黄浦区
新华信托储蓄银行	官商合办	1914年10月	江西路宁波路	黄浦区
中国国货银行	官商合办	1929年11月	天津路86号	黄浦区
中国农工银行	商办	1927年2月	河南路348号（今河南中路）	黄浦区
中国实业银行	官商合办	1919年4月	北京路130号（今北京东路）	黄浦区
中华劝工银行	商办	1921年11月	南京路328号（今南京东路）	黄浦区
浙江实业银行	商办	1923年3月	福州路123号	黄浦区
农商银行	商办	1934年8月	河南路宁波路口515号	黄浦区
上海煤业银行	商办	1921年8月	北京路310号（今北京东路）	黄浦区
上海国民商业储蓄银行	商办	1922年11月	爱多利亚路朱葆三路（今延安东路溪口路）	黄浦区
上海绸业商业储蓄银行	商办	1931年8月	汉口路460号	黄浦区
中国企业银行	商办	1931年11月	四川路33号（今四川中路）	黄浦区
中国垦业银行	商办	1929年6月	北京路江西路口	静安区
盐业银行	商办	1915年3月	北京路280号（今北京东路）	黄浦区
中央储蓄会	官办	1936年3月	江西路（今江西中路）	黄浦区
四行储蓄会	商办	1923年6月	静安寺路170号（今南京西路）	静安区

资料来源：根据《上海金融志》整理。

5.3.2.2　新中国成立后上海金融业空间格局

上海在新中国成立初期的计划经济集中管理体制下，金融机构的数量大大减少，外滩大部分的金融楼宇改作他用。到20世纪80年代初，上海外滩（今黄浦区）的金融集聚中心地位被大大削弱。表5－8显示，到1983年为止，上海金融机构主要分布在奉贤区、松江区、崇明县、嘉定区和青浦区五区，黄浦区仅占4.2%。

表5－8　　1983年上海金融机构分布数据

区县	法人单位数（个）	法人单位数比重（%）	区县	法人单位数（个）	法人单位数比重（%）
徐汇区	1	0.005	金山区	15	0.071
长宁区	3	0.014	松江区	24	0.113
静安区	1	0.005	青浦区	22	0.104
普陀区	3	0.014	奉贤区	25	0.118
闸北区	3	0.014	黄浦区	9	0.042
虹口区	2	0.009	浦东新区	16	0.075
杨浦区	2	0.009	卢湾区	2	0.009
闵行区	15	0.071	南汇区	19	0.090
宝山区	4	0.019	崇明县	24	0.113
嘉定区	22	0.104	合计	212	1.000

1984年，上海市人民政府经过反复的专家会议、讨论，多方听取意见，完成了《上海市总体规划方案（送审稿）》，并于2月报国务院审批。1986年10月国务院批复原则同意。该规划方案将上海城市性质定位于全国的经济中心之一，重要的国际港口城市，并首次把“浦东开发”列入其中。1987年8月，上海市规划局编制完成《浦东新区规划纲要》初步方案，明确金融、高科技、高端服务业是浦东经济增长的主力军。表5－9中详列了1990年以来中共中央对浦东金融发展的支持与金融大事记。

表5－9　　20世纪90年代以来浦东金融业发展大事记

时间	事件
1990年4月18日	国务院总理李鹏正式宣布开发开放浦东，并宣布在浦东实行经济技术开发区和某些经济特区的政策
1990年8月	陆家嘴金融贸易区、金桥出口加工区、外高桥保税区三个开发公司成立，标志着浦东开发进入项目启动阶段

续表

时间	事件
1991 年	根据国务院关于开发开放浦东新区的政策，有 12 家外资银行上海分行和两家中外合资财务公司先后获准开张，8 家中资金融机构在浦东新区开设分行（公司）
1991 年 1 月 16 日	日本第一劝业银行在沪设分行
1991 年 1 月 15 日	中共中央总书记、中央军委主席江泽民在上海考察。指出：把上海建设好，搞好浦东开发，将对全国的发展起重要的作用
1991 年 2 月	杨尚昆在新春联欢会上发表讲话，要求上海在短时期内恢复和发挥世界金融、贸易中心的地位
1991 年 2 月 26 日	国家"八五"重点项目、浦东外高桥港区一期工程建设全面铺开
1991 年 12 月 1 日	拥有 2000 多个席位，超过 6000 平方米交易厅的上海证券大厦将在浦东新建
1993 年 1 月 9 日	上海浦东发展银行宣告开业
1993 年 12 月 8 日	陆家嘴金融贸易区银都大厦结构封顶，它是今后中国人民银行上海市分行行使地区中央银行职能、进行金融宏观调控和实施金融监管的枢纽
1994 年 7 月 22 日	国内第一幢证券公司总部大厦——上海万国金融大厦在陆家嘴破土动工
1995 年 9 月 11 日	日本富士银行上海分行在陆家嘴金融贸易区的银都大厦挂牌营业
1996 年 5 月 1 日	上海市政府召开浦东开发开放第二次领导小组专题会议，作出关于加快陆家嘴金融贸易区形态和功能开发建设步伐的决定
1997 年 1 月 24 日	经中国人民银行批准，日本第一劝业、日本三和、渣打银行的上海分行和上海巴黎国际银行等 4 家外资银行试点经营人民币业务
1997 年 2 月 17 日	美国花旗银行上海分行迁址浦东船舶大厦
1997 年 3 月 4 日	上海市首家有台资参与的合资银行——华一银行落户新上海国际大厦
1997 年 3 月 17 日	日本东京三菱银行上海分行迁址招商局大厦，并获准经营人民币业务
1997 年 3 月 24 日	日本兴业银行上海分行迁址陆家嘴并开始对外营业
1997 年 6 月 16 日	香港汇丰银行上海分行迁址浦东船舶大厦
1997 年 6 月 25 日	法国里昂信贷银行上海分行迁入陆家嘴金融贸易区
1997 年 6 月 28 日	我国第一家全国性股份制商业银行——中国民生银行，其上海分行入驻齐鲁大厦
1997 年 8 月 27 日	泰国泰华国际银行总部落户浦东
1997 年 8 月 27 日	上海环球金融中心在陆家嘴中央商务区开工建设
1997 年 12 月 18 日	中国光大证券有限公司总部迁入浦东

续表

时间	事件
1997 年 12 月 19 日	上海证券交易所迁址位于陆家嘴的上海证券大厦开锣营业
1998 年 2 月 12 日	上海市长徐匡迪在上海市第十一届代表大会作政府工作报告中指出，加快培育浦东新区外向型经济功能，推进中外金融机构、国内外大集团总部、各类要素市场向浦东金融贸易区集聚，形成连接国际国内两个市场的枢纽
1998 年 8 月 12 日	经国务院批准，中国人民银行决定继续扩大外资银行在浦东经营人民币业务的试点
1998 年 8 月 16 日	美国大都会人寿保险公司上海办事处入驻浦东新金桥大厦
1998 年 11 月 18 日	国内第一家跨行政区的中国人民银行上海分行在陆家嘴金融贸易区成立
1999 年 12 月 18 日	上海证券交易所通信卫星地面站在外高桥保税区奠基，投资 1 亿元
1999 年 5 月 8 日	中国建设银行上海市分行入驻陆家嘴金融贸易区世界金融大厦
1999 年 8 月 18 日	由中国人寿保险公司和澳大利亚联邦银行集团共同出资组建的中保康联人寿保险有限公司在陆家嘴金融贸易区开业迎客
1999 年 8 月 28 日	中国银行支持浦东开发开放的最大投资项目中银大厦在陆家嘴金融贸易区落成
1999 年 11 月 14 日	中国工商银行上海数据中心在外高桥保税区动工建设
2002 年 1 月	作为上海乃至全国期货行业的标志性建筑，位于陆家嘴金融贸易区的上海期货大厦通过了甲级智能建筑大厦的终评审
2002 年 1 月 19 日	上海证券交易所卫星通信地球站落成典礼在外高桥保税区举行
2002 年 1 月 21 日	上海浦东新区人民政府和上海环球金融中心有限公司联合召开新闻发布会，宣布以世界第一高楼为目标的上海环球金融中心项目重新启动
2002 年 3 月 26 日	中国银联股份有限公司在上海期货大厦正式挂牌成立
2002 年 4 月 7 日	上海浦东发展银行首家西北地区分行——西安分行正式开业，标志着浦发银行进军西北地区迈出实质性步伐
2002 年 5 月 19 日	浦东发展银行成都分行正式开业
2002 年 8 月	截至 2002 年 6 月底，上海证券市场已经成为仅次于东京、香港的亚洲第三大证券市场，上海证交所在全球 200 多家证交所中名列第十三位
2002 年 8 月 14 日	浦东经济管理咨询协会日前成立
2002 年 11 月 1 日	交通银行正式将总部迁往浦东，这是首家将总部落户浦东的中国商业银行
2004 年 12 月 9 日	浦东新区深化陆家嘴功能区域规划，浦东将努力构建“1 +4 +4”现代服务业发展格局，即以金融业为核心产业，以现代物流、信息服务、商业贸易和会展旅游为重点产业，以此带动文化服务业、房地产业、专业中介服务业和教育卫生体育等社会服务业的发展

续表

时间	事件
2005 年 7 月	浦东将先试先行外汇资金集中管理，获批综合配套改革试点，为浦东打造世界级的金融服务中心做准备
2005 年 8 月 10 日	中国人民银行第二总部将在浦东挂牌
2005 年 10 月	引进永亨银行上海分行、住友信托银行上海分公司、国信人寿保险股份有限公司和华泰资产管理有限公司等中外金融企业
2006 年 1 月 6 日	浦东陆家嘴金融区标志性建筑 21 世纪大厦复工
2006 年 9 月 30 日	上海期货交易所宣布其“衍生品开发与数据处理中心”建设项目在浦东奠基
2007 年 4 月 16 日	根据即将公布的《上海浦东金融核心功能区发展“十一五”规划》，浦东将配合上海国际金融中心建设，发挥金融核心功能区优势，打造金融资产管理中心
2010 年 6 月 13 日	首家消费金融公司浦东挂牌
2010 年 8 月 19 日	在浦东新区召开“加强金融服务促进经济转型和结构调整工作会议”上，新区政府与上海银行正式签署银政合作项目，与上海证券交易所、深圳证券交易所签署推进企业上市合作协议
2010 年 8 月 20 日	中小企业融资 7 天完成审批
2010 年 8 月 20 日	浦东银政合作破解融资瓶颈

资料来源：根据上海市地方志办公室资料收集整理。

在以上政策制度的推动下，上海浦东新区成为继黄浦区以后的第二个金融集聚地。表 5－10 中详列出主要年份（1995 年、2000 年、2005 年、2010 年）上海各区县金融机构数量变化。上述显示，经过二三十年的发展，浦东新区目前已成为上海的商业与金融中心。截至 2017 年底，浦东新区的外资法人银行、基金管理公司、保险资产管理公司的数量占全国一半。

表 5－10　　上海金融机构法人单位数据

年份	区县	法人单位数（家）	法人单位比重
1995	徐汇区	80	0.072
	长宁区	52	0.047
	静安区	33	0.030

续表

年份	区县	法人单位数（家）	法人单位比重
1995	普陀区	57	0.051
	闸北区	43	0.039
	虹口区	55	0.049
	杨浦区	66	0.059
	闵行区	75	0.067
	宝山区	63	0.057
	嘉定区	49	0.044
	金山区	34	0.031
	松江区	53	0.048
	青浦区	45	0.040
	奉贤区	42	0.038
	黄浦区	79	0.071
	浦东新区	179	0.161
	卢湾区	23	0.021
	南汇区	30	0.027
	崇明县	54	0.049
	合计	1112	1.000
2000	徐汇区	139	0.070
	长宁区	108	0.055
	静安区	78	0.039
	普陀区	100	0.051
	闸北区	87	0.044
	虹口区	108	0.055
	杨浦区	107	0.054
	闵行区	129	0.065
	宝山区	112	0.057
	嘉定区	73	0.037
	金山区	55	0.028

续表

年份	区县	法人单位数（家）	法人单位比重
2000	松江区	74	0.037
	青浦区	60	0.030
	奉贤区	59	0.030
	黄浦区	141	0.071
	浦东新区	394	0.199
	卢湾区	56	0.028
	南汇区	37	0.019
	崇明县	63	0.032
	合计	1980	1.000
2005	徐汇区	176	0.067
	长宁区	149	0.057
	静安区	95	0.036
	普陀区	129	0.049
	闸北区	105	0.040
	虹口区	130	0.050
	杨浦区	133	0.051
	闵行区	172	0.066
	宝山区	151	0.058
	嘉定区	105	0.040
	金山区	78	0.030
	松江区	112	0.043
	青浦区	89	0.034
	奉贤区	89	0.034
	黄浦区	162	0.062
	浦东新区	511	0.196
	卢湾区	74	0.028
	南汇区	56	0.021
	崇明县	92	0.035
	合计	2608	1.000

续表

年份	区县	法人单位数（家）	法人单位比重
2012	徐汇区	250	0.069
	长宁区	217	0.060
	静安区	137	0.038
	普陀区	172	0.048
	闸北区	135	0.038
	虹口区	163	0.045
	杨浦区	172	0.048
	闵行区	241	0.067
	宝山区	199	0.055
	嘉定区	150	0.042
	金山区	100	0.028
	松江区	177	0.049
	青浦区	119	0.033
	奉贤区	131	0.036
	黄浦区	225	0.063
	浦东新区	731	0.203
	卢湾区	95	0.026
	南汇区	63	0.018
	崇明县	121	0.034
	合计	3599	1.000

资料来源：根据《上海城市规划志》《浦东年鉴》以及浦东史志办和中国银行监督管理委员会网站相关数据整理。

表5－11描述了自1990年以来，浦东新区金融集聚水平的变化。金融机构比重和金融集聚变量 R 数据显示，金融业务不断集聚于浦东新区。1990年，金融集聚度仅为0.045，到2017年增长为0.506，几乎占了整个上海金融业增加值的一半。

表 5－11　　　　浦东新区金融集聚数据

年份	浦东金融机构数（家）	上海金融机构总数（家）	金融机构比重	浦东金融业增加值（亿元）	上海金融业增加值（亿元）	金融集聚变量 R
1990	73	668	0. 109	3. 07	68. 62	0. 045
1991	79	699	0. 113	4. 46	83. 18	0. 054
1992	95	745	0. 128	6. 96	98. 93	0. 070
1993	113	815	0. 139	16. 40	138. 29	0. 119
1994	154	978	0. 157	23. 73	208. 01	0. 114
1995	179	1112	0. 161	28. 59	233. 98	0. 122
1996	200	1310	0. 153	39. 08	326. 34	0. 120
1997	227	1462	0. 155	69. 10	424. 39	0. 163
1998	355	1757	0. 202	101. 31	465. 45	0. 218
1999	384	1882	0. 204	138. 35	516. 53	0. 268
2000	394	1980	0. 199	159. 88	602. 95	0. 265
2001	416	2487	0. 167	170. 12	529. 26	0. 321
2002	431	2202	0. 196	166. 04	485. 25	0. 342
2003	434	2234	0. 194	183. 48	517. 97	0. 354
2004	442	2270	0. 195	218. 13	740. 96	0. 294
2005	511	2608	0. 196	249. 69	675. 12	0. 370
2006	521	2652	0. 196	313. 98	825. 20	0. 380
2007	567	2775	0. 204	474. 83	1209. 08	0. 393
2008	637	3114	0. 205	553. 46	1442. 60	0. 384
2009	658	3211	0. 205	708. 28	1804. 28	0. 393
2010	683	3330	0. 205	825. 78	1950. 96	0. 423
2011	699	3425	0. 204	991. 61	2277. 40	0. 435
2012	737	3599	0. 205	1069. 11	2450. 36	0. 436
2013	794	3640	0. 218	1253. 67	2823. 29	0. 444
2014	844	3636	0. 232	1503. 34	3400. 41	0. 442
2015	900	3730	0. 241	2055. 89	4162. 70	0. 494
2016	963	3773	0. 255	2399. 09	4762. 50	0. 504
2017	1001	3791	0. 264	2698. 71	5330. 54	0. 506

资料来源：根据 1993～2008 年《上海浦东新区统计年鉴》、1991～1994 年《上海统计年鉴》相关数据整理。

由于经济、金融运行的不确定性以及信息技术的保障，国际金融中心如纽约和伦敦在功能区布局上已实现从“单核心”到“多核心”的发展。但我国的数据研究显示在我国省域层面和城市层面上，我国金融业还处在一个从集聚走向高度集聚的过程，信息技术并没有促进金融业呈现分散化发展。我们认为存在以下原因：

在本书第4章我国金融业区位因素实证分析结果显示，政治制度、历史文化、经济因素、信息因素、交通因素是依次影响我国金融业区位分布的关键因素。本章以上海为案例的研究显示，无论是新中国成立前的上海外滩金融中心，还是改革开放后的浦东新区金融中心，政策制度、历史文化因素对金融中心的建立、金融中心的持续集聚都起到了重要推动作用。信息技术能为金融集聚的扩散提供技术保障，但在我国并没有改变金融的持续集聚。

在省域层面上，金融业持续集聚在某些地区（北京、上海、天津、浙江、江苏、山东、广东、四川）。除去政策制度、历史文化等人文因素外，还可以从规模经济和信息溢出效应角度分析。从规模经济角度看，我国省域层面的金融集聚区还处在规模经济阶段，远未达到规模不经济。例如，上海的金融集聚规模远未达到伦敦等国际金融中心的金融集聚规模。其次，从信息流的传递角度看，移动电话、网络技术、网络安全等虽然为信息的远距离传递提供了便利，但只能提供标准化信息的传递，高语境限制等非标准化信息的传递会随着物理距离的递增而逐渐损耗。因此，信息的不对称性、规模经济等也促使金融机构在空间上不断集聚。

5.4 本章小结

本章从两个层面系统研究了信息技术对金融业区位分布的影响，主要得到了以下结论：

第一，向量自回归模型、格兰杰因果关系检验明确了信息技术资本投入、信息技术创新人才与金融集聚存在彼此促进的关系。金融发展的货币电子化、网络化、信息化离不开优越的信息技术、网络通信基础建设。金融产品创新、金融技术创新和金融制度创新离不开信息技术人才的支持。其次，金融集聚区域为信息技术基础设施、网络通信建设提供了庞大的资金支持，金融产品创新、金融技术创新、金融体系的建立对软件、设备、计算机、网络安全性不断提出新的要求，促进信息技术创新，吸引更多信息技术创新人才就业，从而推动了信息技术进步。

第二，采用描述性统计方法、案例研究方法分析信息技术是否促进我国金融业呈现分散化发展。省域层面和城市层面的研究表明，政策制度、历史文化是影响我国金融集聚的关键因素，规模经济、信息流等经济因素促进金融机构持续集聚。尽管信息技术在我国金融业已得到广泛应用，但信息技术没有降低距离和地理位置的重要性，没有促进我国金融业呈现分散化发展。

| 第 6 章 |

基于互补理论的金融业信息技术投资价值分析

6.1 引　　言

以信息与通信技术为核心的信息技术对全球金融服务业的发展产生了复杂而深刻的影响，信息技术正逐步成为推动金融服务业发展的关键因素。近二十年来，大量国内外学者以新古典增长理论和新增长理论为分析工具，考察信息技术资本投入对金融绩效和生产率的影响。现有文献对认识信息技术与我国金融发展的关系提供了科学依据。但由于对信息技术本质特征的不断认识及金融产业组织形式的不断发展，还可以基于以下思考进行实证研究的深入：从信息技术本质特征上讲，国内现有实证研究强调信息技术软硬件投入对生产率的影响，忽略信息技术劳动力作为重要人力资本的作用。罗默于 1995 年提出将经济生产中的信息技术投入分解成三个部分：硬件、软件和信息技术劳动力，研究信息技术劳动力与金融发展的关系必不可少。从研究的理论依据上讲，国内现有研究忽略信息技术与产业组织的交互作用对生产率的影响。目前，金融集聚已成为我国金融产业组织的基本形式之一，集聚将改善金融机构使用信息技术的组织环境，增加金融机构信息资本使用的收益。因此，以互补理论为基础研究信息技术与金融集聚的互补作用是一个正在引起人们关注的现象。鉴于此，本章以互补理论为基础，将信息技术分解为信息技术固定资本投入和信息技术人才投入，检验我国金融业是否存在信息技术生产率悖论及互补效应，从而为我国金融业发展和金融中心建设提供理论支撑。

6.2 信息技术与金融集聚的关系与模型

6.2.1 信息技术与金融集聚的互补关系

金融集聚已成为我国金融机构的主要组织方式。金融集聚至少产生以下四方面的静态结果：

（1）金融机构的持续创新优势。金融集聚区内金融机构相互学习、相互竞争，有利于专业知识与专业技能的传播，提高金融机构的持续创新优势。

（2）金融机构先进的管理水平。金融集聚不仅促进知识的溢出，还促进管理知识的溢出。在金融集聚区内，大部分金融机构可以直接复制其他机构的优秀管理思想和管理方法，从而提高自身的管理水平。

（3）金融集聚区是优秀人才蓄水池。金融集聚区高效、公平、竞争的环境，优秀的创业环境和政策支持吸引大量人才集聚，形成优势人力资源。

（4）金融集聚促进区域经济增长。大量理论与实证研究表明，金融集聚与经济增长互为因果关系。一方面，由于经济发达城市良好的经济背景、政策环境、潜在的金融服务需求等因素，金融集聚区一般选择经济发达城市；另一方面，金融集聚通过金融集聚效应和扩散效应促进实体经济发展，进而带动区域经济发展。

因此，本章提出如下假说：信息技术不仅直接提高金融业劳动生产率；而且金融集聚这一产业组织形式为信息技术投资价值的实现提供大量人力资本、良好的经济背景、先进的管理等互补因素，信息技术与金融集聚发展存在互补作用。其关系作用如图6－1所示。

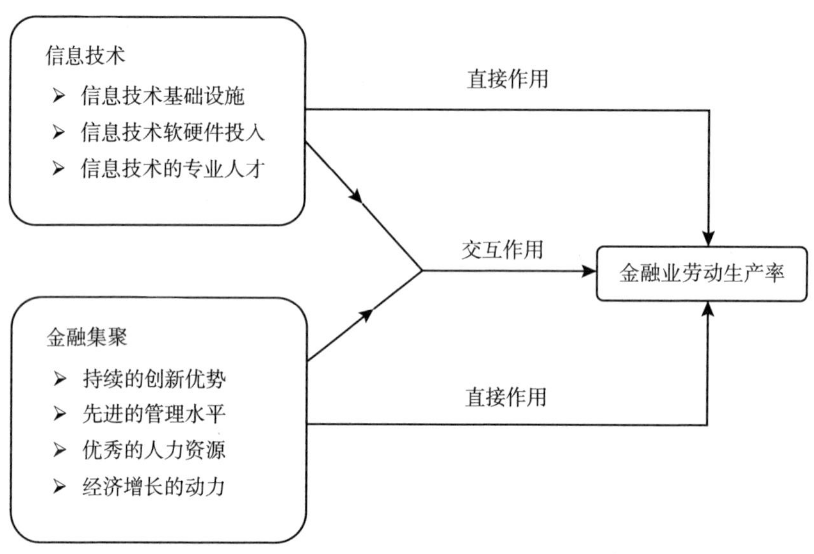

图6－1　信息技术与金融集聚互补关系

6.2.2　信息技术与金融集聚的互补模型

本节将在信息技术与金融集聚互补关系的基础上，选择合适的模型建立信息技术与金融集聚的互补数量模型。

6.2.2.1　常用信息技术投资价值模型

常用的信息技术投资价值测定模型分别是生产函数模型、竞争战略模型和消费者剩余模型[183]。本章在比较这三种模型的基础上引入信息技术互补模型。

（1）生产函数模型。

实证分析中较常使用的生产函数是柯布—道格拉斯生产函数模型。该函数的基本形式如下：

$$Q_t = A_t K_t^{\beta} L_t^{\gamma} \tag{6-1}$$

式中，t代表时间，Q代表总产出，A代表综合技术水平，K代表投入的资本（一般为固定资产净值），L 代表劳动要素投入量；β 是资本产出的弹性系数，γ 是劳动力产出的弹性系数。

韦尔芬斯（Welfens，2010）[184]将技术进步分解为信息技术和非信息技术两部分，结合新经济增长理论将信息技术作为生产要素内生化，可得：

$$Q_t = A_t E_t^{\alpha} K_t^{\beta} L_t^{\gamma} \tag{6-2}$$

式中，t 代表时间，Q 代表总产出，A 代表综合技术水平，L 代表劳动要素投入量，E 代表信息技术资本投入量，K 代表一般资本投入量。系数 α，β，γ 是信息技术、资本和劳动对产出增长的弹性系数，度量产出每增加 1%，$\alpha\%$、$\beta\%$ 和 $\gamma\%$ 分别由信息技术、资本和劳动贡献产生。

（2）竞争战略模型。

竞争战略模型具有以下函数形式，主要用来考察信息技术与组织绩效之间的统计相关性。

$$Q = f(I,\ O,\ E) \tag{6-3}$$

其中，Q 表示信息技术引致的商业价值，I 表示信息技术投入，O 代表企业组织环境，E 代表外部变量。在实际处理中，Q 通常用商业利润、市场份额、产品销售量等指标替代。

（3）消费者剩余模型。

消费者剩余模型基于需求理论构建，该模型认为产品价格波动和边际消费者的投资方式是引致用户剩余的重要因素。其函数形式如下：

$$Surplus = \int_{P_0}^{P_1} D(P,\ i)\,\mathrm{d}p \tag{6-4}$$

其中，P_0 和 P_1 表示信息技术的两种价格，i 表示第 i 个用户，$D(P,\ i)$ 表示基于信息技术价格和用户需求的需求函数，*Surplus* 表示通过信息技术价格的变化，用户获得的总的消费者余额。

上述三个模型中，柯布—道格拉斯的生产函数模型最容易量化，每一时期的产出、投入都可以从相关报表、年鉴中得到。竞争战略模型、消费者剩余模型中涉及的组织环境、外部变量、需求函数等缺乏量化标准。例如，信息技术给企业机构带来的竞争优势、信息技术给消费者带来的便利如何度量等。因此，本章拟以生产函数模型为基础分析金融业信息技术投资价值。

6.2.2.2 信息技术投资价值模型的扩展

模型（6-1）为解释信息技术对金融劳动生产率的贡献提供了基础模型。但该模型未能体现信息技术劳动力投入作用。因此，在模型（6-1）的基础上，将信息技术分解成信息技术固定资本投入和信息技术劳动力投入，建立如下关系模型：

$$Q_t = A_t E_t^{\beta_1} K_t^{\beta_2} S_t^{\beta_3} L_t^{\beta_4} \quad (6-5)$$

其中，t 代表时间，Q 代表金融服务业总产出，用来衡量金融业生产率水平；E 代表信息技术固定资本投入，K 代表非信息技术资本投入，S 代表信息技术劳动力投入要素，L 代表一般劳动力投入要素；β_1、β_2、β_3、β_4 表示相应的产出弹性。

对式（6-5）取对数，可得：

$$\ln Q_t = \ln A_t + \beta_1 \ln E_t + \beta_2 \ln K_t + \beta_3 \ln S_t + \beta_4 \ln L_t \quad (6-6)$$

用相应的小写字母代替对数后的值，可得如下信息技术投资价值模型：

$$q_t = c + \beta_1 e_t + \beta_2 k_t + \beta_3 s_t + \beta_4 l_t \quad (6-7)$$

6.2.2.3 信息技术与金融集聚的互补模型

本章选用各省金融业增加值数据，行业集中度测算方法计算 2008~2017 年以来各省金融集聚程度，具体见式（6-8）：

$$R_i = \frac{\text{省份 } i \text{ 金融业增加值}}{\text{全国金融业增加值}} \quad (6-8)$$

其中，R_i 值越接近 1，表明地区 i 的金融集聚程度越高。

为进一步研究信息技术与金融集聚的互补作用对金融劳动生产率的影响，在模型（6-7）中增加交叉项可得如下互补模型：

$$q = c + \beta_1 e + \beta_2 k + \beta_3 s + \beta_4 l + \beta_5 (R \times e) + \beta_6 (R \times s) \quad (6-9)$$

模型中，系数 β_5 和 β_6 分别表示金融集聚与信息技术固定资本交互作用、金融集聚与信息技术劳动力交互作用对金融发展的贡献。例如，金融服务业产出每增加 1%，有 β_5% 是金融集聚与信息技术资本投入的交互作用产生。

6.3 信息技术与金融集聚互补效应的实证分析

本章拟采用面板数据回归模型估计金融业信息技术投资价值及信息技术与金融集聚的互补效应。较之一般线性回归，该模型能有效控制与刻画样本数据的异质性，增加模型的自由度、提供更多数据中隐含的信息，克服一般回归模型中的多重共线性等问题，因此在理论界和实证应用研究中得到广泛使用。

6.3.1 面板数据回归模型简述

面板数据由于其同时融合了时间和个体两个维度而得名。面板数据的回归模型一般具有如下形式：

$$y_{it} = \alpha_{it} + \sum_{k=1}^{K} \beta_{kit} x_{kit} + u_{it} \tag{6-10}$$

式中，$i=1, 2, 3, \cdots, N$ 表示 N 个个体。$t=1, 2, 3, \cdots, T$ 表示已知的 T 个时点。x_{kit}表示第 k 个解释变量对第 i 个个体在时刻 t 的值，y_{it}表示被解释变量对第 i 个个体 t 时刻的取值，u_{it}是随机误差，α_{it}是第 i 个个体对应时刻 t 的截距项，α_{it}和 β_{kit}都是待估的参数。上述模型中，根据截距项 α_{it}和系数项 β_{ki}的不同形式，面板数据的回归模型主要可划分为以下四类：

（1）无个体影响的不变系数模型。

在面板数据回归模型中，假定从时间角度看，所有个体成员的截距项和系数向量均相同；从截面上看，所有时点上的截距项和系数向量均相同。具体模型见式（6－11）。则可将所有面板数据混合在一起，直接利用普通最小二乘法（OLS）求出参数的一致有效估计。

$$y_{it} = \alpha_{i} + \sum_{k=1}^{K} \beta_{k} x_{kit} + u_{it} \tag{6-11}$$

这种模型实际假定解释变量对被解释变量的影响与个体无关。虽然在实际应用中该假设被广泛应用，但在很多情况下，这种假设与实际情况不符[185]。

（2）固定效应变截距模型。

在面板数据回归模型中，如果从不同的时间序列或不同的截面看，模型的截距项不同，但系数向量相同，并且截距项的变化与解释变量相关，该类模型被称为固定效应变截距模型。固定效应模型根据不同的情形，又可以分成三种类型，分别是：个体固定效应模型、时点固定效应模型和个体时点固定效应模型。

个体固定效应模型是针对不同的时间序列个体其截距项不同，但系数向量相同。其表达式如下：

$$y_{it} = \alpha_i + \sum_{k=1}^{K} \beta_k x_{kit} + u_{it} \qquad (6-12)$$

如果在不同的时点存在不同的截距，但不同的时间序列截距项相同，则应该建立时点固定效应模型。其表达式如下：

$$y_{it} = \gamma_t + \sum_{k=1}^{K} \beta_k x_{kit} + u_{it} \qquad (6-13)$$

如果不同时点、不同时间序列的面板回归模型截距项显著不同，但系数向量相同，此时应建立个体时点固定效应模型。模型表达式如下：

$$y_{it} = \alpha_i + \gamma_t + \sum_{k=1}^{K} \beta_k x_{kit} + u_{it} \qquad (6-14)$$

固定效应模型的参数估计方法一般采用最小二乘虚拟变量回归估计（LSDV）和广义最小二乘法的协方差分析法（ANCOVA）。

（3）随机效应变截距模型。

在面板数据回归模型中，如果从不同的时间序列或不同的截面看，模型的截距项不同，但系数向量相同，并且截距项的变化与解释变量无关，该类模型被称为随机效应变截距模型。随机效应模型根据不同的情形，又可以分成三种类型，分别是：个体随机效应模型、时点随机效应模型和个体时点随机效应模型。其模型分别如下所示：

$$\begin{aligned} y_{it} &= \alpha + \lambda_i + \sum_{k=1}^{K} \beta_k x_{kit} + u_{it} \\ y_{it} &= \alpha + v_t + \sum_{k=1}^{K} \beta_k x_{kit} + u_{it} \\ y_{it} &= \alpha + \lambda_i + v_t + \sum_{k=1}^{K} \beta_k x_{kit} + u_{it} \end{aligned} \qquad (6-15)$$

随机效应模型的参数估计方法一般采用可行广义最小二乘法（FGLS）。

（4）变系数模型或无约束模型。

在面板数据回归模型中，如果从不同的时间序列或不同的截面看，模型的系数向量不相同，该类模型被称为变系数模型。

当模型的系数向量仅随个体而变化，则该模型被称为确定系数面板数据模型，表达式如下：

$$y_{it} = \alpha_{it} + \sum_{k=1}^{K} \beta_{ki} x_{kit} + u_{it} \tag{6-16}$$

当模型的系数向量随个体和时间而变化，则该模型被称为随机系数面板数据模型，表达式如下：

$$y_{it} = \alpha_{it} + \sum_{k=1}^{K} (\beta_k + \xi_{ki} + \lambda_{kt}) x_{kit} + u_{it} \tag{6-17}$$

采用不同的模型估计会得到不同的估计结果，因此，建立面板数据模型的第一步是检验样本数据究竟符合以上哪种模型形式，从而避免模型设定的偏差，改进参数估计的有效性。经常使用的检验是协方差分析检验，主要检验如下两个假设：

假设 1：模型中所有的系数向量都相同。

假设 2：模型中所有的截距项和系数向量都相同。

如果接受假设 2，则应该建立无个体影响的不变系数模型，并采用一般最小二乘法进行参数估计。如果拒绝假设 2，接受假设 1，则应该建立变截距模型。理论界，一般进一步进行 Hausman 检验以便确认是建立固定效应变截距模型还是随机效应变截距模型。如果拒绝假设 1 和假设 2，则应该建立变系数模型。

6.3.2 数据样本与变量说明

有效的经济计量模型，不仅取决于模型变量符合经济理论的要求，而且一般需要对统计数据进行调整或估算。本章所需指标数据及估算方法如表 6－1 所示。

表 6 -1　　模型变量及指标选择列表

模型中的变量	指标	计算方法及基础数据选取来源
Q	金融服务业增加值	《中国统计年鉴》及各省统计年鉴
E	信息技术固定资本存量	采用永续盘存法，借鉴张军和徐现祥的估计方法，基本数据来源于《中国信息年鉴》、各省统计年鉴及各省金融年鉴
K	非信息技术固定资本存量	采用永续盘存法，借鉴张军的估计方法，基本数据来源于各省统计年鉴及各省金融年鉴
S	信息技术年末从业人员	《中国统计年鉴》及各省统计年鉴
L	金融服务业年末从业人员	《中国统计年鉴》及各省统计年鉴
R	金融集聚测度	式（6-8）

同时，为了消除价格因素对各指标的影响，模型中金融业增加值和物质资本存量均为以 2009 年为基期的不变价。

6.3.3　实证结果与分析

为了对信息技术投资价值与互补效应的区域差异进行比较分析，根据第 3 章模糊聚类结果将全国分为两大区域进行面板回归。区域 1 为我国金融发达城市，主要包括：北京、广东、江苏、山东、上海、浙江、河北、四川；区域 2 为我国金融发展一般城市，主要包括：安徽、福建、广西、贵州、海南、天津、河南、黑龙江、湖北、湖南、吉林、江西、辽宁、内蒙古、宁夏、青海、陕西、山西、西藏、新疆、重庆、甘肃、云南。在面板数据回归之前，为避免经济变量的伪回归，需要对各变量进行面板单位根检验和协整检验。面板单位根检验与一般单序列检验方法类似，但不完全相同。表 6 -2 和表 6 -3 的结果显示，各面板变量均为同阶单整过程。

表 6 -2　　面板变量单位根检验

变量	$\ln Q$	$\ln E$	$\ln K$	$\ln S$	$\ln L$	R
PADF 统计值	-2.315 (0.876)	-2.031 (0.732)	-1.936 (0.659)	-2.037 (0.701)	-1.841 (0.632)	-2.796 (0.987)

注：括号内表示相应 P 值；*** 、** 和 * 分别表示在 1%、5% 和 10% 的水平上显著。

表 6 - 3　　差分面板变量单位根检验结果

变量	$D(\ln Q)$	$D(\ln E)$	$D(\ln K)$	$D(\ln S)$	$D(\ln L)$	$D(R)$
PADF 统计值	-2.142*** (0.000)	-2.229*** (0.000)	-2.188*** (0.000)	-2.284*** (0.000)	-2.147*** (0.000)	-3.301*** (0.000)

注：***、** 和 * 分别表示在 1%、5% 和 10% 的水平上显著。

由于各面板变量是同阶单整，因此可进行协整检验。由表 6 - 4 的 Kao 检验和 Pedroni 检验的结果可知，除 Group rho-statistics 统计量外，其余统计量均拒绝原假设，即认为各面板变量之间存在长期均衡关系，可进一步采用面板回归模型进行分析。

表 6 - 4　　Kao 检验和 Pedroni 检验结果

检验方法	检验假设	统计量	统计值（区域1）	统计值（区域2）
Kao 检验	H_0：$\rho=1$ 不存在协整关系	ADF	-7.2304*** (0.000)	-6.327*** (0.000)
Pedroni 检验	H_0：$\rho_i=1$ H_1：$(\rho_i=\rho)<1$	Panel v-statistics	2.3562** (0.015)	2.169*** (0.032)
		Panel rho-statistics	-3.754*** (0.007)	-3.2145*** (0.004)
		Panel PP-statistics	-6.0231*** (0.001)	-5.924*** (0.000)
		Group rho-statistics	-0.176 (0.235)	-0.134 (0.163)
		Group PP-statistics	-6.293*** (0.000)	-6.099*** (0.000)
		Group ADF-statistics	-7.192*** (0.000)	-7.415*** (0.000)

注：***、** 和 * 分别表示在 1%、5% 和 10% 的水平上显著。

如前所述，面板回归模型有多种形式，在建立模型之前先要确定模型的具体形式。表6-5的检验表明两大区域的信息技术投资价值模型的F2统计量均在10%的水平下显著，拒绝假设2。同时，根据F1的检验统计量P值，接受假设1。因此，认为两大区域都采用变截距模型。同时Hausman检验结果表明个体影响与解释变量不相关。因此，我们需要分别建立两大区域的随机影响的变截距模型。

表6-5　两大区域模型形式设定检验结果

检验统计量	区域1	区域2
F2	4.561** (0.012)	4.089** (0.031)
F1	2.981 (0.235)	2.253 (0.228)
Hausman检验	2.762 (0.397)	1.562 (0.265)

注：***、**和*分别表示在1%、5%和10%的水平上显著。

根据信息技术投资与金融集聚的互补模型，使用EViews 6.0软件进行面板回归，在回归模型中引入交叉项，建立如下模型：

$$\ln Q_{j,it}=\alpha_j+\beta_{j1}\times\ln E_{j,it}+\beta_{j2}\times\ln k_{j,it}+\beta_{j3}\times\ln S_{j,it}+\beta_{j4}\times\ln L_{j,it}+\beta_{j5}\times(R\times\ln E)_{j,it}+\beta_{j6}\times(R\times\ln S)_{j,it} \quad (6-18)$$

式中，$j=1$，2分别代表区域1和区域2地区；$i=1$，2，…，N_j，N_j表示区域j的地区数，t表示时间期数。

采用Swamy-Arora方法对随机影响的变截距模型进行参数估计，得到结果如表6-6所示。

表6-6　两大区域随机影响变截距系数估计

变量	截距项	$\ln E$	$\ln K$	$\ln S$	$\ln L$	$R\times\ln E$	$R\times\ln S$
区域1	11.263*** (0.000)	0.161*** (0.000)	0.393*** (0.000)	0.133** (0.000)	0.368*** (0.000)	0.109*** (0.000)	0.178*** (0.000)

续表

变量	截距项	lnE	lnK	lnS	lnL	R × lnE	R × lnS
区域 2	8.599 *** (0.000)	0.107 *** (0.000)	0.319 *** (0.000)	0.056 ** (0.072)	0.261 *** (0.000)	0.032 ** (0.079)	0.014 * (0.083)

注：*** 、** 和 * 分别表示在 1%、5% 和 10% 的水平上显著。

从表 6-6 估计结果可以看出，2009～2017 年两大区域信息技术投资价值差异明显，具体如下：

第一，两大区域信息技术固定资本投入 E 对金融业劳动生产率的贡献为正且显著，区域 1 和区域 2 信息技术固定资本投入对金融业生产率的贡献分别为 16.1% 和 10.7%，并且在 0.01 的水平下显著。这表明信息技术固定资本投入已成为影响我国金融生产率的关键因素，并且区域 1 金融生产率的提高显著依赖于信息技术固定资本的投入，而区域 2 信息技术固定资本投入对金融业生产率的贡献相对较低，该结论启示我们在我国金融业欠发达地区应注意加强信息技术投入以促进金融业发展。

第二，两大区域信息技术人才投入 S 对金融劳动生产率的贡献为正且显著。区域 1 和区域 2 信息技术人才投入对金融生产率的贡献分别为 13.3% 和 5.6%，差距较大。这表明在金融集聚程度较高的东部地区，信息技术劳动力对金融生产率的作用更显著。而在区域 2 金融业发展落后地区，信息技术人才对金融业的贡献仍有较大潜力，应逐步重视落后地区金融业信息技术人才的建设。

第三，分区域看，区域 1 信息技术固定资本投入与金融集聚存在互补作用。回归系数在 0.01 的显著性水平下显著，为 10.9%。这表明在金融集聚程度较高的东部地区，若加大信息技术固定资本投入，其对金融产出的影响将超过在非集聚区投资的影响。同时，区域 1 信息技术人才投入与金融集聚也存在互补作用。回归系数为 17.8%，显著大于信息技术固定资本投入与金融集聚的互补效应。这表明在现有金融集聚区加大信息劳动力投入能产生超额效益，金融发展到高级阶段更依赖软件开发等信息技术手段。

第四，区域 2 信息技术固定资本投入、信息技术人才与金融集聚交互作用的系数分别为 3.2% 和 1.4%，在 0.1 的水平下显著。但与区域 1 的回归系数相比较差距较大。这验证了本章提出的理论假设：金融集聚这一产业组织形式为信息技术投资价值的实现提供大量人力资本、良好的经济背景、先进的管理等互补因素，信息技术与金融集聚存在互补作用。与区域 1 相比较，区域 2 地区金融业发展较为落后，无法为信息技术投资价值的实现提供大量的人力资本、先进的管理、良好的经济背景等互补因素，因而与区域 1 地区的互补效应差距较大。

6.4 本章小结

信息化是金融服务业获取竞争优势提高经济效益的手段，但是信息技术投资价值的实现需要大量互补因素的配合，其中产业集聚是一种最重要的互补产业组织形式。因此，本章以互补理论和新增长理论为基础建立理论假说，采用面板回归模型探讨金融集聚对信息技术投资价值实现的互补作用，主要得到以下结论：

第一，我国金融业不存在信息技术生产率悖论问题。信息技术已成为金融业发展的重要因素投入。从全国数据看，区域 1 和区域 2 信息技术固定资本投入的产出弹性系数分别为 16.1% 和 10.7%，信息技术劳动力投入的产出弹性系数分别为在 13.3% 和 5.6%。该结论启示我们金融信息化、金融电子化发展不仅离不开信息技术固定资本的投入，还与金融信息技术人才的建设密切相关。

第二，实证研究基本验证了信息技术与金融集聚存在互补作用的假设，具体来说，区域 1 金融业发达地区，信息技术固定资本投入与金融集聚互补作用、信息技术劳动力投入与金融集聚互补作用显著高于区域 2 金融业欠发达地区。

根据上述研究结论，可对我国金融信息化建设进行以下思考：第一，在金融业信息技术投资上，不仅要考虑信息技术固定资本的投入，还应进行金融业信息技术人才建设。这也为我国从“十一五”时期侧重金融业信息基础设施建设到“十二五”时期开始重视金融信息科技队伍培养这一政策变化提供了理论根据。第二，在现有金融集聚区如上海、北京等地加强信息技术固定资本投入、金融信息人才的培养，有利于提高全行业的收益，有利于建立国际金融中心。第三，在金融业发展水平较低的省份，不仅要注意加大信息技术固定资本的投入，还要合理增加信息技术专业人才投入比例，保证劳动力投入和固定资本投入的结构合理性，努力建设区域金融集聚中心，发挥信息技术与金融集聚的互补作用。

| 第7章 |

基于信息技术网络效应的金融集聚空间溢出效应研究

7.1 引　言

信息技术网络效应是指网络节点之间的合作与互补，也被称为网络外部性或需求方规模经济。具体表现为网络成员在使用过程中相互作用，从而产生报酬递增，获得经济价值。罗尔斯（Rohlfs，1974）首次对长途电话的网络效应展开研究[186]。研究认为当越多人拥有电话，电话对每个拥有者更有价值。它创造了一种正的外部性。一方面，购买者并没有期望给别人带来价值，但确实给其他拥有者带来了福利；另一方面，越来越多的人期望拥有该产品以便获得利润。互联网等信息技术都具有此性质。今天，网络效应被认为是IT产业组织的一个重要方面，并普遍存在于各种各样的行业。包括软件业、电信业、电子商务、网络传媒、航空运输、金融业和零售业等[187]。

信息技术网络效应对城市经济的影响近年引

起产业经济学家、空间地理学家的广泛关注。莫斯和汤森（Moss & Townsend，2003）认为信息技术网络效应显著改变了区域之间的空间组织结构和区域间的相互作用[188]。巴凯斯和路紫表明因特网以及各种各样的电子行为已经成为影响区域间相互独立性的重要因素，信息技术不仅有利于传播信息和知识，同时缩短了区域城市之间的距离[189]。罗切特和提洛（Rochet & Tirole，2003）等认为信息技术网络基础设施建设影响网络效应的实现。一个较好的本地网络连接能影响用户群的大小；消费者更容易直接地被消费者集群影响[190]。国内学者刘卫东等认为随着各个城市信息技术基础设施建设的发展，各城市被网络紧密地联系在一起，网络化的经济结构日益成为区域经济发展的背景[191]；吴玉鸣提出信息技术的发展使得信息传递和知识交流成本降低，效率提高，在一定程度上弱化了空间在经济活动中的重要性[192]。因此，本章拟在系统梳理金融集聚与经济增长关系的基础上，引入信息技术的网络效应，建立金融集聚与经济增长关系的模型，并且采用空间杜宾模型进行实证研究，从而为中国城镇化建设和金融信息化建设提供政策建议。

7.2 金融集聚与经济增长的关系

金融集聚与经济增长的关系一直是国内外学者研究的热点。熊彼特（Schumpeter，1912）和莱文（Levine，1997）等学者从金融功能角度系统阐述了金融对经济增长的影响机制，认为信贷提供服务于企业家目的和需求，因而货币能从完全均衡的简单循环中促进经济增长[193-194]。不仅如此，金融体系还通过储蓄功能、资本配置功能、风险管理等五大功能有效降低了信息和交易成本，在区域经济发展中发挥关键作用。格林伍德和乔瓦诺维奇（Greenwood & Jovanovic，1990）则建立 CJ 模型，将金融功能分解为信息作用、分散风险作用和投资作用，实证检验了经济增长和金融发展之间存在因果循环关系，金融中介体系能有效促进产业部门经济增长和产业结构调整，同时经济增长也有助于金融中介体系的发展[195]。金德尔博格（Kindle Berger，1974）、穆萨（Musa，1989）等从规模经济角度阐述了金融集聚对经济增长的重要性。金德尔博格认为金融集聚中心存在规模效应，金融集聚中心不仅便利本地资金的跨时流动与结算，而且影响了不同区域之间资金的转移，提高区域资源配置效率[196]。穆萨指出大量金融机构的地理接近、行业接近及相关企业的邻近，便利了金融机构之间的协作、共享基础设施、信息沟通、知识和技术的创新，降低融资成本，提高市场流动性[197]。不仅如此，金融集聚形成的金融网络，减少企业信息交流和搜寻成本，促进企业的合作与交流，便于建立信誉机制，给实体经济带来额外收益[198]。到20世纪90年代中后期，金融集聚与经济增长的空间依赖特性逐渐显现。伯纳特（Bernat，1996）较早关注美国区域经济发展的空间依赖特征，采用空间相关系数测度了美国区域经济发展的空间相关性，指出区域经济发展不仅存在空间相关性，还存在空间溢出效应[199]。克拉克（Clark，2003）利用从BIS和世界银行获得的官方数据绘制金融流动情况图，深入分析货币如何将远距离的地区联系在一起、如何成为区域经济发展的润滑剂[200]。地理学家格里希（Gehrig，1998）利用市场摩擦理论进行大量的实证研究，证明了金融集聚与相邻区域内金融分散趋势并存，且集聚与分散地区的不对称信息是影响地区经济发展差异和全球经济结构的重要因素[201]。波蒂厄斯（Porteous，1999）指出金融信息分为标准化信息和非标准化信息，标准化信息可以通过信息技术进行准确无误的远距离传递，而非标准化信息在远距离传递中会发生信息衰减[167]。鲍德温和马丁（Baldwin & Martin，2001）通过构造两区域的LS模型，研究区域经济活动空间分布、内生经济增长与金融集聚的关系，发现金融集聚不仅对本地经济产生增长效应，对周边区域也产生辐射效应，城市之间经济发展存在相互依赖关系[202]。奥德丽丝和费尔德曼（Audress & Feldman，2006）进一步对辐射效应进行了研究，表明地理空间距离将会约束科学技术对周边地区的扩散效应，金融集聚在一定程度上带来知识溢出，并有利于集聚区内知识学习和提高本地区技术创新能力[203]。

多数国内学者顺延了国外主流的研究思路，陈文锋和平瑛通过格兰杰因果检验方检验我国金融集聚与经济增长的关系，发现金融集聚与经济增长的内生性关系[204]。丁艺收集我国31个省份的面板数据，进一步研究金融集聚与区域经济增长的互动关系，发现在省域层面上，金融集聚与经济增长彼此促进，并且较之证券业和保险业，银行业集聚对区域经济增长的贡献更为显著[205]。顾乃华指出金融供需的信任关系、地方保护主义因素阻碍金融集聚溢出效应的扩散[206]。李林等首次从空间和地理视角检验金融集聚的空间溢出效应，研究表明我国金融集聚的空间辐射能力有限[207]。

综上所述，本书认为金融集聚通过金融功能、规模效应、网络效应、溢出效应等方式促进了城市经济增长，忽视金融集聚与经济增长空间依赖特性将会引起实证模型的偏差。不仅如此，信息通信技术的发展使得金融机构能跨越更远的距离服务于更多的实体经济，将金融功能、金融集聚的规模经济效应、网络效应传递得更远。然而，目前国内现有的某些研究虽然采用了空间面板数据，但在空间权重矩阵设置上采用基于地理邻接关系的 0～1 权重矩阵，仅仅考虑了地理上相邻地区的空间溢出效应，忽视信息技术网络效应对金融集聚效应的影响。鉴于此，本章将采用空间杜宾模型，改进反映相邻关系的 0～1 空间权重矩阵探讨金融集聚的空间溢出效应。

7.3 模型设定与计量方法

7.3.1 模型设定

本章借鉴奇科内和霍尔（Ciccone & Hall，1996）构造的集聚经济外部性模型分析金融集聚及其空间溢出效应与区域经济增长的关系[208]。奇科内和霍尔模型的简约型方程如下：

$$q_i = \theta_i[(n_i H_i)^{\beta} k_i^{1-\beta}]^{\alpha} \left(\frac{Q_i}{A_i}\right)^{\frac{(\lambda-1)}{\lambda}} \tag{7-1}$$

式中，q_i 是城市 i 的总产出除以城市 i 的总面积得到的单位面积产出，θ_i 为城市 i 的总产出除以城市 i 全部要素投入量得到的城市全要素生产率，n_i 为城市 i 总就业人数除以城市总面积得到的单位面积就业人数，H_i 是反映城市 i 就业者知识、管理技能等状态的平均人力资本水平，k_i 为城市 i 总的物质资本投入除以城市总面积得到的城市单位面积物质资本投入，Q_i 是城市 i 金融业的总产出，A_i 是城市 i 的总面积。α 代表资本与劳动的报酬，$\alpha \in (0, 1]$。β 是要素贡献率，$\beta \in (0, 1]$。$\frac{Q_i}{A_i}$是城市 i 单位面积金融业空间产出，增加的因子$\frac{Q_i}{A_i}$描述了金融集聚对城市经济的影响。λ 是单位面积金融业空间产出的参数。

当 $\lambda>1$ 时，金融集聚表现出外部性，集聚对城市经济效益产生贡献。

式（7－1）中仅测度了集聚经济产出，而集聚经济的三个微观基础（中间部门规模经济、劳动市场规模与贡献、知识溢出效应）却有赖于集聚规模。因此，为了更全面地分析金融集聚的影响，本章引入如下两个金融集聚变量 s_i 和 g_i：

$$\text{金融聚集规模 } s_i=\frac{\text{城市 } i \text{ 金融增加值}}{\text{全国金融增加值}}$$

$$\text{金融产出密度 } g_i=\frac{\text{城市 } i \text{ 金融增加值}}{\frac{\text{城市 } i \text{ 总产出}}{\text{城市总面积}}} \tag{7-2}$$

式中，s_i 测度了城市 i 金融集聚的规模，测度了单位面积金融集聚经济的产出，即金融的产出密度。

考虑到人力资本、劳动力的异质性，区分金融业人力资本与非金融业人力资本、金融业劳动力和非金融业劳动力对经济增长的不同贡献，将式（7－1）中单位面积就业人员和人力资本分别分解成两个部分：城市单位面积金融业就业人员 n_{i1} 和非金融业的单位面积就业人员 n_{i2}，城市金融业平均人力资本 H_{i1} 和城市普通劳动力人力资本水平 H_{i2}。

通过变量替换，生产函数式（7－1）可以转化为：

$$q_i=\theta_i((n_{i1}H_{i1})^{\beta_1}(n_{i2}H_{i2})^{\beta_2}k_i^{1-\beta_1-\beta_2})^{\alpha}(s_i^{\gamma}g_i)^{\frac{(\lambda-1)}{\lambda}} \tag{7-3}$$

式中，γ 是未知参数，$\beta_1\in(0,\ 1]$，$\beta_2\in(0,\ 1]$，且满足 $\beta_1+\beta_2\in(0,\ 1]$。对式（7－3）进行变换，得：

$$q_i=\theta_i\left[\left(\frac{\pi_i N_i H_{i1}}{A_i}\right)^{\beta_1}\left(\frac{(1-\pi_i)N_i H_{i2}}{A_i}\right)^{\beta_2}\left(\frac{K_i}{A_i}\right)^{1-\beta_1-\beta_2}\right]^{\alpha}(s_i^{\gamma}g_i)^{\frac{(\lambda-1)}{\lambda}} \tag{7-4}$$

式中，q_i 是城市单位面积总产出，N_{i1} 是城市金融业总就业人数，N_{i2} 是非金融业城市总就业人数，N_i 是城市总就业人数（$N_i=N_{i1}+N_{i2}$），$\pi_i=\frac{N_{i1}}{(N_{i1}+N_{i2})}$。$H_{i1}$ 为该城市金融业平均人力资本水平，H_{i2} 是普通劳动力人力资本水平，K_i 是资本存量。

对式（7－4）变换可得如下生产函数：

$$\ln q_i=c+a_1\ln f_i+a_2\ln l_i+a_3\ln H_{i1}+a_4\ln H_{i2}+a_5\ln k_i+a_6\ln s_i+a_7\ln g_i \tag{7-5}$$

式中，f_i 是单位面积金融业就业人数，l_i 是单位面积城市非金融业就业人数。参数 $a_1 = a_3 = \beta_1\alpha$、$a_2 = a_4 = \beta_2\alpha$、$a_5 = (1 - \beta_1 - \beta_2)\alpha$、$a_6 = \frac{\gamma\lambda}{(\lambda - 1)}$、$a_7 = \frac{\lambda}{(\lambda - 1)}$。理论上，奇科内和霍尔（Ciccone & Hall）模型赋予劳动力和人力资本相等的弹性系数，导致理论参数 $a_1 = a_3$、$a_2 = a_4$，但这并不影响实际的估计结果。根据生产理论和内生增长理论，知识、技术和资本是产出的直接投入，因此，$a_3 > 0$、$a_4 > 0$、$a_5 > 0$。集聚变量 s_i 和 g_i 的引入使式（7-5）有更丰富的含义。a_1、a_2、a_6、a_7 分别为单位面积金融业就业人数系数、单位面积非金融业就业人数系数、金融集聚规模指数系数、城市金融比重指数系数。因此，式（7-5）的回归结果可区分金融业、非金融业劳动力拥挤引致的城市效率下降和金融集聚的规模外部经济性。

7.3.2 计量方法

由于金融集聚的外部性可能超越城市边界，邻近城市的效益相互影响。本章在式（7-5）的基础上，引入空间邻接项，建立金融集聚的空间杜宾模型：

$$Y = \rho WY + X\beta + \gamma WX + \varepsilon \tag{7-6}$$

式中，Y 是被解释变量，X 是投入要素，W 是反映空间邻接关系的空间权重矩阵，ρ 反映邻近地区 WY 对被解释变量 Y 的影响，γ 反映邻近地区 WX 对被解释变量 Y 的影响。ε 是模型的残差项，且满足 $\varepsilon \sim N(0, \sigma^2 I)$。空间杜宾模型表明，被解释变量的变化不仅受初始条件、控制变量等外生变量的影响，还受其他地区的影响。

将式（7-5）中各变量代入空间杜宾模型，可得：

$$\begin{aligned}\ln q_i = {} & c + a_1\ln f_i + a_2\ln l_i + a_3\ln H_{i1} + a_4\ln H_{i2} + a_5\ln k_i + a_6\ln s_i \\ & + a_7\ln g_i + a_8\ln Wf_i + a_9\ln Wl_i + a_{10}\ln WH_{i1} + a_{11}\ln WH_{i2} \\ & + a_{12}\ln Wk_i + a_{13}\ln Ws_i + a_{14}\ln Wg_i + \rho\ln Wq_i + \varepsilon\end{aligned} \tag{7-7}$$

式中，ρ 度量经济增长的空间溢出效应，$a_i(i = 1, \cdots, 7)$ 分别度量单位面积金融业就业人数、非金融业单位面积就业人数、金融业平均人力资本、非金融业平均人力资本、单位面积物质资本、金融集聚对经济增长的贡献，

$a_i(i=8, \cdots, 14)$ 分别度量邻接城市上述变量对城市经济增长的空间溢出效应。

7.4 实证分析

本章选取《中国统计年鉴》《中国城市年鉴》《中国经济与社会发展统计数据库》为数据支撑，所选择的变量包括各城市地区生产总值、金融服务业增加值、资本存量、年末金融业就业人数、年末就业人数、土地面积、金融业人力资本和城市人力资本。采用张军（2004）研究中的方法计算资本存量数据。每百人公共图书馆藏书测度城市平均人力资本水平。限于数据，采用城市万人大学生数衡量城市金融业人力资本水平。以 2001 年为基期计算各地区生产总值、金融服务业增加值、资本存量数据。采用国家基础地理信息中心公布的各城市经纬度数据计算空间杜宾模型中的空间邻接矩阵。

7.4.1 面板数据的单位根检验与协整检验

为避免伪回归，首先对各变量进行面板数据的单位根检验。表 7 -1 和表 7 -2 的检验结果表明，$\ln q$、$\ln f$、$\ln l$、$\ln H_1$、$\ln H_2$、$\ln k$、$\ln s$、$\ln g$ 均为同阶单整过程。

表 7 -1　　面板变量单位根检验结果

变量	$\ln q$	$\ln f$	$\ln l$	$\ln H_1$	$\ln H_2$	$\ln k$	$\ln s$	$\ln g$
PADF 统计量值	-1.932 (0.978)	-2.457 (0.374)	-2.795 (0.361)	-1.888 (0.725)	-1.876 (0.831)	-2.054 (0.450)	-2.069 (0.425)	-1.982 (0.820)

注：括号内的数值为 P 值；*** 、** 和 * 分别表示在 1%、5% 和 10% 的水平上显著。

表 7-2　差分面板变量单位根检验结果

变量	$D(\ln q)$	$D(\ln f)$	$D(\ln l)$	$D(\ln H_1)$	$D(\ln H_2)$	$D(\ln k)$	$D(\ln s)$	$D(\ln g)$
PADF 统计量值	-2.298*** (0.000)	-2.327*** (0.000)	-2.015*** (0.000)	-2.132*** (0.001)	-2.261*** (0.831)	-2.315*** (0.051)	-2.283*** (0.001)	-2.763*** (0.000)

注：括号内的数值为 P 值；***、** 和 * 分别表示在 1%、5% 和 10% 的水平上显著；D（.）表示一阶差分。

表 7-2 显示差分后各变量同阶单整，因此可进行协整关系检验，具体检验结果如表 7-3 所示。

表 7-3　各面板变量协整检验结果

检验统计量	Panel v	Panel rho	Panel PP	Panel ADF	Group rho	Group PP	Group ADF
统计值	-0.872 (0.809)	-2.375*** (0.000)	-6.719*** (0.000)	-9.286*** (0.000)	3.614 (0.988)	-9.758*** (0.000)	-9.248*** (0.000)

注：括号内的数值为 P 值；***、** 和 * 分别表示在 1%、5% 和 10% 的水平上显著。

表 7-3 结果显示，在 1% 的显著性水平下，仅 Panel v 统计量和 Group rho 统计量接受原假设，其余统计量均拒绝原假设，因此可认为至少部分地区之间存在协整关系。

7.4.2　基于信息技术网络效应的空间权重矩阵设定

空间杜宾模型需要借助空间权重矩阵来反映邻近地区因素对被解释变量的影响。0-1 空间邻接和基于距离的 2 次方倒数邻接方法常见于文献分析中。如 7.1 节所述，近年来经济地理学家指出各种各样的电子行为、网络已经将城市、国家及全球各个层次的区域紧密联系在一起。网络化的经济结构日益成为区域经济发展的背景。因此，本章认为城市的信息技术基础设施越强，金融交流和城市之间的合作也越便利，金融的空间溢出效应也越大。而简单的基于距离的 0-1 空间权重矩阵设置将极大削弱金融集聚空间溢出效应。为此，本章基于信息技术网络效应构建 $W=(\pi_{ij})$ 空间邻接矩阵，其中，

$$\pi_{ij}=\begin{cases}\dfrac{m_i m_j}{r_{ij}^2}, & i\neq j\\ 0, & i=j\end{cases} \tag{7-8}$$

式中，r_{ij}为根据城市经纬度计算的城市 i 与城市 j 的地理距离；m_i 为城市 i 的信息技术发展水平，本章以城市人均国际互联网用户数衡量。为避免单位对实证结果的影响，对空间邻接矩阵进行标准化变换，使得各行元素之和为 1。

7.4.3 估计结果与分析

空间杜宾模型分为个体固定效应模型和随机效应模型，Hausman 统计量在 5% 的水平下显著，因此本章采用个体固定效应模型估计结果，见表 7－4。同时，LM、LR 和 Robust LM 检验统计量均在 1% 的水平上显著，即认为至少部分地区存在空间相关性，至少部分变量存在空间溢出效应。此外，金融集聚与经济增长相互作用，模型（7－7）中空间滞后变量 W_q、W_s 和 W_g 的引入产生自变量的共线性问题，采用传统的 OLS 估计方法容易导致估计的有偏性和不一致性。因此，本章采用 GMM 方法估计系数。

表 7－4　　空间杜宾模型检验与参数估计结果

变量	个体固定效应	个体随机效应
c	6.374*** (0.000)	6.837*** (0.000)
$\ln f$	0.101*** (0.000)	0.100*** (0.000)
$\ln l$	−0.009 (0.110)	−0.007 (0.110)
$\ln H_1$	0.362*** (0.000)	0.307*** (0.000)
$\ln H_2$	0.128*** (0.000)	0.131*** (0.000)

续表

变量	个体固定效应	个体随机效应
ln*k*	0. 318 *** (0. 000)	0. 298 *** (0. 000)
ln*s*	0. 135 *** (0. 000)	0. 133 *** (0. 000)
ln*g*	0. 227 *** (0. 000)	0. 227 *** (0. 000)
LR	2013. 145 *** (0. 00)	1967. 121 *** (0. 0)
$\ln W_q$	0. 207 *** (0. 000)	0. 195 *** (0. 000)
$\ln W_f$	0. 028 * (0. 093)	0. 031 * (0. 090)
$\ln W_l$	0. 001 (0. 980)	0. 003 (0. 981)
$\ln WH_1$	0. 120 *** (0. 000)	0. 121 *** (0. 000)
$\ln WH_2$	0. 012 (0. 200)	0. 016 (0. 197)
$\ln W_k$	0. 102 *** (0. 000)	0. 104 *** (0. 000)
$\ln W_s$	0. 109 *** (0. 000)	0. 107 *** (0. 000)
$\ln W_g$	0. 147 *** (0. 000)	0. 142 *** (0. 000)
LM	201. 367 *** (0. 000)	41. 233 *** (0. 00)
R^2	0. 987	0. 962
Log – Likelihood	763. 582	697. 134

续表

变量	个体固定效应	个体随机效应
Robust LM	163.302*** (0.000)	30.081*** (0.00)
Hausman	19.051*** (0.015)	—

注：括号内的数值为 P 值；***、** 和 * 分别表示在 1%、5% 和 10% 的水平上显著。

空间杜宾模型的估计结果基本验证了理论预期。要素投入变量 K 的系数均为正值，表明物质资本仍是我国城市经济发展的重要决定因素。从空间溢出效应看，邻近城市物质资本对城市的影响在 1% 的水平上显著为正，这意味着城市物质资本投入存在显著的空间外溢效应，物质资本投入能促进城市间的贸易和要素流动，提高邻近城市的经济效率。这与张浩然 2012 年的研究结果基本一致[209]。同时，金融业人力资本对城市经济增长的作用显著高于城市平均人力资本，这一结果也支持了范登布希（Vandenbussche，2006）的最新研究结论[210]。范登布希以经济合作与发展组织 19 个国家 1960～2010 年的人力资本数据为样本，发现较之中等教育和基础教育者，受过普通高等教育的人力资本对 TFP 有更显著的促进作用。人力资本空间溢出效应系数显示，金融业人力资本在城市间有显著的空间溢出效应，而城市平均人力资本在城市间的空间溢出效应不显著。这主要归咎于金融业的知识性、信息性特征。金融业人力资本创造的标准化知识和技术可以便捷地被信息技术传递，促进知识和技术的扩散，在邻近城市产生空间溢出效应。

表 7-5 的结果同时显示了金融集聚对城市经济增长的贡献。如前所述，变量 f，l，s 可以分别测量金融业劳动力、非金融业劳动力拥挤引致的城市效率下降和金融集聚的规模外部经济性。空间杜宾模型估计结果显示，金融集聚规模 s 和金融产出密度 g 的弹性系数分别为 0.135 和 0.227。该结果表明目前中国城市经济增长依赖金融业发展，金融业通过资源配置、规模效应等支撑城市内部其他产业的发展。与此同时，城市单位面积金融业就业人员 f 的回归系数显著为正，城市单位面积非金融业就业人员 l 的回归系数为负数，但并不显著。这说明我国金融业在城市内部的分布并不拥挤，加大金融业劳动力投入有利于促进城市经济增长；相比较非金融业，金融业发展仍有较大

空间，这与我国城市金融业发展的现状相符。

表 7－5　两大区域空间杜宾个体固定效应模型估计结果

变量	区域 1	区域 2
c	6.901*** (0.000)	5.201*** (0.000)
$\ln f$	0.134*** (0.000)	0.076*** (0.047)
$\ln l$	−0.052*** (0.048)	0.102*** (0.000)
$\ln H_1$	0.379*** (0.000)	0.112*** (0.000)
$\ln H_2$	0.131*** (0.000)	0.101*** (0.000)
$\ln k$	0.325*** (0.000)	0.306*** (0.000)
$\ln s$	0.145*** (0.000)	0.100*** (0.000)
$\ln g$	0.283*** (0.000)	0.106*** (0.042)
$\ln W_q$	0.256*** (0.000)	0.189*** (0.000)
$\ln W_f$	0.040*** (0.078)	0.017 (0.125)
$\ln W_l$	0.001 (0.980)	0.000 (0.100)
$\ln WH_1$	0.197*** (0.000)	0.110*** (0.000)
$\ln WH_2$	0.013 (0.200)	0.009 (0.268)

续表

变量	区域1	区域2
$\ln W_k$	0.122*** (0.005)	0.095*** (0.031)
$\ln W_s$	0.126*** (0.000)	0.089*** (0.032)
$\ln W_g$	0.189*** (0.000)	0.062*** (0.048)
R^2	0.967	0.933

注：括号内的数值为P值；***、**和*分别表示在1%、5%和10%的水平上显著。

本章另一个重点是考察金融集聚在城市间的空间溢出效应。W_s 和 W_g 的回归系数分别为0.109和0.147。这些系数可用来定量估计相邻城市金融集聚对城市经济发展的影响。W_s 和 W_g 的正回归系数表明邻近城市的金融发展对城市经济存在着显著的促进作用。这说明在以往研究中常被忽视的金融集聚的空间外溢效应对城市经济发展有直接影响：周边城市金融业越发达，该城市与周边城市金融业的联系也越紧密，并产生城市间的技术外溢、知识交流和人力资本流动。金融集聚的空间溢出作用使得城市经济发展在空间上得以连续。为进一步分析不同区域金融集聚的空间溢出效应，表7-5对我国两大区域分别进行空间杜宾分析。

表7-5给出了两大区域的估计结果。区域1为我国金融发达城市，主要包括：北京、广东、江苏、山东、上海、浙江、河北、四川；区域2为我国金融发展一般城市，主要包括：安徽、福建、广西、贵州、海南、天津、河南、黑龙江、湖北、湖南、吉林、江西、辽宁、内蒙古、宁夏、青海、陕西、山西、西藏、新疆、重庆、甘肃、云南。

首先，从金融集聚指数 $\ln s$、$\ln g$ 对城市经济发展影响的弹性系数看，区域2金融集聚对城市经济发展的影响程度显著低于区域1金融业发达地区。这表明金融集聚是影响城市经济发展差异的重要原因。但长期以来，我国一些地方过多关注制造业的发展，忽视金融业的中介、服务功能。其次，从两大区域的 $\ln W_s$、$\ln W$ 回归系数来看，区域1地区空间溢出弹性系数显著高于区域 2 地区。这意味着东部发达地区显著受惠于邻近城市的金融集聚外溢效应。此外，值得注意的是区域 1 地区金融业劳动力 ln*f* 系数大于区域 2ln*f* 的弹性系数，区域 1 地区非金融业劳动力 ln*l* 系数为负数，但不显著。这一方面表明我国东部金融集聚中心没有形成拥挤效应，发展金融业能显著促进城市经济增长，而非金融业的拥挤效应逐渐显现；另一方面，区域 2 地区 ln*f* 正的回归系数说明增加中、西部地区金融空间密度能显著促进中西部城市经济发展，这提示我们在推行我国《国民经济和社会发展“十二五”规划纲要》《金融业发展和改革“十二五”规划》时要注重加快发展中西部金融业。在落实“区域发展总体战略，优化布局构建现代金融组织体系，有序拓展金融服务业，促进基础金融服务均等化，提高金融服务的可获得性”等既定政策时要注意增加对中西部金融业发展的支持。

7.5 本章小结

本章尝试从空间溢出视角切入，将信息技术网络效应纳入空间模型，采用改进空间邻接矩阵的空间杜宾模型分析并检验金融集聚与城市经济增长的关系，得到了丰富和完整的结果。基于 2001 ~2017 年 286 个城市面板数据的估计结果表明：金融集聚带来人才、机构、资本和稀缺资源的日益集中，但没有产生拥挤效应；金融人力资本对经济增长的贡献显著高于城市平均人力资本，且由于金融业的知识性、信息性特点，金融业人力资本在城市间具有显著的空间外溢效应，而城市平均人力资本溢出效应不显著；金融集聚规模与金融产出密度不仅促进城市经济增长，在邻近城市还存在溢出效应，金融集聚已成为影响城市经济发展差异的重要原因。该实证研究结果为我国城市金融发展政策和新型城镇化建设提供了一些启示：

第一，金融助力城镇化大有可为。实证结果显示，金融人力资本、金融集聚规模、金融产出密度显著促进城市经济增长。金融业通过其资金调配功能、规模效应、信息效应为产业融合、城镇中小企业转型、升级、基础设施建设等提供大量的资金支持。因此，应努力构建投资多元化、种类多样化、服务高效化的金融体系。

第二，加大贫困地区金融业发展力度。实证结果显示，金融集聚已成为影响城市经济发展的重要原因。为缩小地区差异，一方面政府可以鼓励金融机构到偏远城市设置网点，服务于实体经济，另一方面可选择经济增长极发展策略。即在经济圈内，选择经济基础较好的城市，在此基础上建立区域金融中心，形成良性循环。因此本章的结果支持当前中国中西部省普遍选择的增长极战略。

第三，加大城镇网络通信技术基础设施建设。信息化、货币电子化是现代金融业的典型特点。实证结果显示，金融集聚规模、金融产出密度具有显著的空间溢出效应，而良好的网络通信基础设施能保证金融空间溢出效应的有效实现，扩大中心城区金融中心的辐射能力，更好地满足乡镇融资需求。

第四，重视金融业人才建设。实证结果显示，金融业人力资本不仅显著促进城市经济增长，而且不同于城市平均人力资本，金融业人力资本有显著的空间溢出效应。在城镇化建设进程中，重视金融人才建设将有助于金融产品创新和制度创新，提高城镇化的效率与质量，为经济建设提供更适应的金融服务，缩减我国“东西不平衡，城乡不平衡”问题。

第五，研究以及实践都表明，金融业继续在向发达地区集中，马太效应在金融集聚问题上也同样显现，政府缩小地区差异的努力，或者将面临效率损失的可能；政府在发展金融业照顾“均等性”的同时仍然应当兼顾“空间集聚”，充分发挥空间合理分布的溢出效应，避免过多的效率损失。

| 第 8 章 |

总结与政策建议

8.1 主要结论

随着新一轮全球产业结构的调整，金融服务业在国民经济中的作用和地位日益凸显，与其相关的研究也日益成为理论界关注的重点。但一直以来，有关金融服务业区位分布的研究较为薄弱。近年，交通运输方式的进步、互联网、电脑等信息技术的发展，对金融业发展产生较大影响，现实经济也迫切需要探讨金融服务业的区位分布规律以加强对实际的指导作用。因此，本书通过系统的研究，从区位和效应两个角度，系统分析了信息技术对金融业发展的影响，得到如下结论。

（1）1978 年改革开放以来，我国金融业区位分布呈现分阶段特征，整体上呈现“空间分散化—空间集聚逐步显现—空间集聚显著”的特点。具体来说，1978 ~ 1985 年为第一阶段。这一时期，金融业在空间分布上呈现分散化发展特征。金融发展态势较好地区集中在北京、辽宁、上海和江苏，但三大区域金融力量基本均衡。1986 ~ 1995 年为第二阶段。这一时期金融发展态势较好地区集中在上海、江苏、山东、广东。其次是北京、河北、辽宁、浙江、河南、黑龙江、福建。金融业开始呈现东部集聚态势。1996～2017 年为第三阶段，这一时期我国金融业主要集聚在北京、广东、江苏、山东、上海、浙江、河北、四川，东部地区金融集聚力量强劲。

（2）以马歇尔的古典区位论为基础，本书建立了我国金融服务业的区位因素体系，分别是经济因素、信息因素、空间因素和人文因素，弥补了国内相关研究的理论空白。另外，采用多重对应分析方法，分阶段分析了我国金融服务业的区位因素，结果表明：1979～1995 年，信息技术对金融业区位分布的影响并不显著，但 1996 年以后随着中国金融信息化的发展，信息技术逐步取代传统的空间因素成为影响金融业区位分布的关键因素之一。

（3）向量自回归模型、格兰杰因果检验信息技术发展与金融集聚互为格兰杰因果关系。同时，省域层面、以上海为案例的城市层面的研究表明，政策制度、历史文化等人文因素是影响我国金融集聚的首要因素，规模经济正的外部性、信息流的溢出效应等经济因素促使我国金融持续集聚。在我国省域层面和城市层面，信息技术没有降低距离和地理位置的重要性。

（4）面板数据回归结果表明，我国金融业不存在信息技术生产率悖论问题，信息技术与金融集聚这一产业组织形式存在互补作用，金融发达地区的互补效应显著高于中、西部地区。

（5）引入信息技术网络效应的空间滞后模型的实证研究表明金融集聚带来人才、机构、资本和稀缺资源的日益集中，但没有产生拥挤效应；金融人力资本对经济增长的贡献显著高于城市平均人力资本，且由于金融业的知识性、信息性特点，金融业人力资本在城市间具有显著的空间外溢效应，而城市平均人力资本溢出效应不显著；金融集聚规模与金融产出密度不仅促进城市经济增长，在邻近城市还存在溢出效应，金融集聚已成为影响城市经济发展差异的重要原因。

以上结论为我国未来金融区位发展模式、金融业信息技术建设、新型城镇化建设等提供了重要启示。

8.2 政策与建议

8.2.1 中国金融业区位分布模式的政策建议

本书的理论研究和实证研究表明，我国金融业区位分布的形成主要受政策制度、历史文化等人文因素驱动，规模经济正的外部性、信息流的溢出效应等经济因素促使我国金融持续集聚。在我国省域层面和城市层面，信息技术没有降低距离和地理位置的重要性，金融业没有呈现分散化发展。结合马库森区位分布模式和产业集聚的生命周期演化规律，本书对我国金融业的区位分布提出如下政策建议：

（1）城市层面，我国金融业区位分布宜采用卫星平台模式。原因如下：

第一，我国金融集聚区的形成主要由政府主导产生，这一产生模式适合我国金融业发展初期的国情。新中国成立初期，我国经济实力相对较弱，金融体系不够完善，缺乏时间和空间循序渐进地完成金融体系的建设，国家需要依靠金融发展刺激经济增长，采用政府主导模式完成金融体系的建设和国际化进程是毋庸置疑的选择。以上海为案例的城市层面的研究显示，金融集聚还处于从集聚走向高度集聚的过程。斯旺（Swan）的产业集群生命周期演化理论表明，金融集群不会无限制的扩张，到一定的临界点集群将会成熟，这时集群内的拥挤和竞争将会加剧，最终导致集群的衰落。

第二，信息技术的发展为卫星平台模式的建立提供了可能。信息技术的发展使得货币电化、标准信息的远距离传递成为可能，因此能有效实现金融前台和后台业务的分离。目前，纽约、伦敦的金融前台业务主要集中在 CBD 商业区；金融后台业务则选址于租金较低、人力资本较低、基础设施配套较为完善的区域。上海、北京也出现了金融前台和后台业务分离的萌芽。因此，卫星平台的区位分布模式有利于克服金融集群发展到高级阶段的困难，是城市金融集群发展到高级阶段的较优选择。

（2）国家层面，我国金融业区位分布宜采用中心辐射模式。一方面，在现有金融集聚中心的基础上建立“一级中心”，即国际金融中心；另一方面，在全国范围内，建立多个“二级中心”，构造区域经济增长极。原因如下：

第一，国际金融中心是一国参与全球经济金融竞争的重要依托，是一国在全球经济重要地位和话语权的体现，建立国际金融中心是我国长远发展战略的必然选择。2009 年，《中华人民共和国国民经济和社会发展第十二个五年规划纲要》《国务院关于推进上海加快发展现代服务业和先进制造业建设国际金融中心和国际航运中心的意见》明确提出“一个核心、两个重点”的推进思路，“以金融市场体系建设为核心，加快推进人民币市场建设；以金融改革开放先行先试和营造良好金融发展环境为重点，加快体制机制和业务创新，不断提高上海国际金融中心的资源配置功能和辐射带动效应”“到 2020 年基本建成与我国经济实力以及人民币国际地位相适应的国际金融中心的战略目标要求，瞄准世界一流国际金融中心，全面拓展金融服务功能，加快提升金融创新能力，不断增强上海金融市场的国际内涵和全球影响力，力争到 2015 年基本确立上海的全球性人民币产品创新、交易、定价和清算中心地位”。

第二，构建经济增长极，推进新型城镇化建设是优化我国经济空间格局、促进区域经济协调发展的一项基本国策。中共十七大报告指出：“遵循市场经济规律，突破行政区划界限，形成若干带动力强、联系紧密的经济圈和经济带。以增强综合承载能力为重点，以特大城市为依托，形成辐射作用大的城市群，培育新的经济增长极”。继中共十七大之后，中共十八大又将优化经济空间格局提升一个新的高度，以新型城镇化引领区域经济增长。提出“优化产业机构，促进区域协调发展，以推进新型城镇化建设为重点，加快完成城乡发展一体化机制”。本书第 7 章实证结果显示金融集聚带来人才、机构、资本和稀缺资源的日益集中，且存在规模经济正效应；金融人力资本对经济增长的贡献显著高于城市平均人力资本；金融业人力资本在城市间具有显著的空间外溢效应，而城市平均人力资本溢出效应不显著；金融集聚规模与金融产出密度不仅促进城市经济增长，在邻近城市还存在溢出效应，金融集聚已成为影响城市经济发展差异的重要原因。因此，全国范围内构建金融区位的中心辐射模式，即在全国范围内构建多个金融中心，发挥金融集聚规模、金融产出密度、金融人力资本的空间溢出效应，带动区域城市经济发展。通过完善的网络通信基础设施保证金融空间溢出效应的有效实现，扩大金融中心的空间辐射能力，更好地满足城市群的融资需求，形成良性循环。

8.2.2 中国信息技术投资的政策建议

从国外金融业信息技术建设发展历程来看，金融业信息技术投资共经历四个发展阶段：

第一阶段是20世纪60年代。这一阶段被称为脱机业务处理阶段。主要是应用计算机替代部分手工重复劳动，如支票计算、会计结算等。

第二阶段是20世纪70年代。这一阶段被称为联机业务处理阶段。主要应用计算机网络技术实现金融机构内部的联机业务处理，并逐步覆盖整个业务流程，开始实现金融机构与大客户的联网和信息共享。

第三阶段是20世纪80年代。这一阶段被称为经营决策信息化阶段。开始运用数据库分析客户、市场信息，深入挖掘隐含信息，ATM、POS、TB等新型服务体系在金融业领域得到广泛应用。

第四阶段是20世纪90年代。这一阶段被称为业务集成化和决策智能化阶段。主要应用互联网技术、信息技术开展金融服务和金融产品的创新，信息技术被逐步应用于金融决策管理。如金融系统建立数据仓库和OLAP、DM等决策支持工具，辅助金融公司展开中产期决策。

我国金融业经过二十多年的发展，已经形成了比较完善的IT金融业服务系统。从目前我国金融业信息技术应用现状看，虽然信息技术的硬件设备发展都已完善，但与金融业务相关的综合业务系统、办公自动化系统等复杂智能化应用系统还远未普及。金融创新水平、金融衍生品开发、金融风险管理、金融信息安全监管、与金融信息化建设相关的法律法规发展都较为滞后。因此，结合本书研究结论，提出以下政策建议：

（1）加大行业内部信息技术固定资本投入，重视金融业信息人才建设。

本书第5章实证研究结论表明，信息技术已成为我国金融业发展的重要因素投入，金融信息化、金融电子化发展不仅离不开信息技术固定资本投入，还与金融信息技术人才的建设密切相关；金融发达区域信息技术固定资本投入、信息技术劳动力产出弹性系数分别为16.1%和13.3%；金融欠发达区域信息技术固定资本投入、信息技术劳动力产出弹性系数分别为10.1%和5.3%。因此，不仅应重视金融业信息技术固定资本投入，还要积极培育金融业信息技术人才，发挥信息人才在金融行业的作用，应用信息技术开展金融服务和金融产品的创新，进行金融决策管理等智能化服务。

（2）分区域、合理地展开行业内信息技术投资。

基于互补理论的实证结果显示金融发达地区信息技术固定资本投入与金融集聚互补作用系数为10.9%，信息技术劳动力与金融集聚互补作用系数为17.8%，金融欠发达地区信息技术固定资本投入与金融集聚互补作用系数为3.2%，信息技术劳动力与金融集聚互补作用系数为1.4%。金融欠发达地区的互补作用还有待于充分发挥。金融集聚空间溢出效应的实证研究也提示我们金融集聚已成为影响城市经济发展差异的重要原因。因此，在金融行业内部应分区域、合理地展开信息技术投资。一方面，在金融集聚区持续加大信息技术投入，有利于建立国际金融中心，有利于提高全行业的收益，有利于发挥金融集聚的空间溢出效应；另一方面，金融欠发达地区，行业内部不仅要加大信息技术固定资本投入，还要特别重视信息技术劳动力投入比例，充分发挥金融集聚与信息技术的互补效应，努力构建区域金融中心，带动区域经济发展。

（3）加快城镇、贫困落后地区信息技术基础设施建设，普及信息技术基本知识，努力发挥信息技术网络效应、金融集聚空间溢出效应，助力中国城镇化发展。

金融支持在欧美等发达国家城镇化进程中发挥重要作用。19世纪中后期，美国等发达国家开始从农业向工业化迈进。这一阶段内大生产、大物流、大消费和大金融是美国工业城镇化的核心特征。20世纪80年代以后，美国等发达国家陆续从工业城市向服务型城市转型。金融对城市发展的支持开始从原来的工业生产活动的支持转移到对工业重组与并购的支持上，实体经济从利润来源到风险分布，甚至融资结构都发生了深刻的变化，从而对金融发展提出了新的需求。我国自1993年进入城镇化加速发展阶段以来，金融业迅速发展，但与发达国家城镇化成熟阶段相比较，金融业在国民经济中的比重仍然较低。第7章的实证分析结果显示，金融人力资本、金融集聚规模、金融产出密度不仅促进城市经济增长，而且还具有显著的空间溢出效应。空间溢出效应的有效发挥不仅依赖于完善、高效的信息技术基础设施建设，还依赖于大众对信息技术的可操控性。因此，不仅要在全国范围内建立完善的信息技术基础设施、高效的信息技术通信网络，特别是加快城镇、贫困落后地区的信息技术建设；还要普及信息技术的基本知识，以扩大中心城区金融中心的辐射能力，更好地满足乡镇融资需求，助力中国新型城镇化建设。

8.3 进一步研究的展望

信息技术对中国金融业区位分布与效应的影响是一个复杂的经济现象。随着信息技术的发展以及信息技术在金融业领域的深入应用，其对金融业区位分布与效应的影响也在动态变化。这需要我们在今后的研究中不断深入、不断拓展。未来研究还可以在以下几方面加以深入：

（1）本书在多重对应分析、格兰杰因果检验、描述性统计分析、案例分析的基础上提出我国金融业区位分布发展的具体模式，但是缺乏更深层次的微观层面的分析。可以结合伦敦、纽约等国际金融中心近年金融业区位分布的具体变化进行国际比较，使本研究更为翔实、深入。

（2）根据国民经济分类标准（GB/T 4754—2002），金融服务业行业主要包括银行业、保险业、证券业和其他金融活动。本书的研究中将金融业作为一个整体，没有分别分析信息技术对银行业、保险业、证券业和其他金融活动的区位分布和效应的影响，存在一定的局限性，未来还需要进一步的完善。

（3）本书分析了信息技术投资对金融业生产率的影响，随着信息技术在金融业的深入应用，还可从以下角度展开分析：深入探讨信息技术对金融业市场结构、竞争模式、组织绩效等的影响；进一步考察金融业信息技术投资互补机制，如金融业业务流程的重新设计、金融系统内部组织结构的调整、金融业相关生产要素投入的调整等。

最后，限于本人的研究水平以及金融业相关数据获取的困难性，本书的研究还有很多不足之处。希望本书的研究能给该方向的同类研究带来一定的启示，期待学者们取得更多的理论和实践的突破。

参考文献

[1] Robert G K, Ross L. Finance, Entrepreneurship, and Growth: Theory and Evidence. Journal of Monetary Economics, 1993, 32: 513 -542.

[2] http://www.acm.org/education/curricula/IT2008%20Curriculum.pdf.

[3] http://zh.wikipedia.org/wiki.

[4] http://www.connectlive.com/events/itaa/.

[5] Kutler S I. Dictionary of American History. America: Scribner, 2002: 156 -157.

[6] http://dictionary.webster.us/.

[7] 厉小军．信息技术基础．杭州：浙江大学出版社，2005：12.

[8] Romer P. Endogenous Technological Change. Journal of Political Economy, 1990, 98 (5): 71 -102.

[9] Robert H, Robert M. Information Technology and Financial Services Competition. The Review of Financial Studies, 2003, 16 (3): 921 -948.

[10] U. S. Congress, Office of Technology Assessment. OTA - CIT - 202. Effects of Information Technology on Financial Services Systems. Washington, D. C., 1984.

[11] 亚瑟·梅丹．金融服务营销学（王松奇，译）．北京：中国金融出版社，2000：56.

[12] 黄毅，杜要忠．美国金融服务现代法．北京：中国金融出版社，2000：122 -124.

［13］石静霞. WTO服务贸易法专论. 北京：法律出版社，2006：81－83.

［14］约翰·冯·杜能. 孤立国同农业和国民经济的关系（吴衡康，译），北京：商务印书馆，1986：61－102.

［15］Haggett P. Geography：A Modern Synthesis. New York：Harper & Row Publisher，1983：416－418.

［16］马歇尔. 经济学原理（刘生龙，译）. 北京：中国社会科学出版社，2008：356－341.

［17］Launhart W. Mathematical Principles of Economic. Translated by Hilda Schmidt，Edward Elgar，Brookfield，CT. 1993.

［18］阿尔弗雷德·韦伯. 工业区位论（李刚剑，陈志人，张英保，译）. 北京：商务印书馆，1997：31－46.

［19］Weber A，Hull R F. Farewell to European History，or The Conquest of Nihilism. New Haven：Yale Univ. Press，1948.

［20］沃尔特·克里斯塔勒. 德国南部中心地原理（常正文，王兴中，等译）. 北京：商务印书馆，1998：55.

［21］勒斯. 经济空间秩序——经济财货与地理间的关系（王守礼，译）. 北京：商务印书馆，1998：76－90.

［22］沃尔特·艾萨德. 区位与空间经济（杨开忠，沈体雁，方森，等译）. 北京：北京大学出版社，2011：365－378.

［23］沃尔特·艾萨德. 区域科学导论（陈宗兴，译）. 北京：高等教育出版社，1991：162－153.

［24］Smith D M. A Theoretical Framework for Geographical Studies of Industrical Locations. Economic Geography，1966，42：98－99.

［25］Allan P. Behavior and location：Foundations for a geographic and dynamic location theory. Denmark：Gleerup，1967.

［26］Massey D. Industrial Restructuring as Class Restructuring：Production Decentralization and Local Uniqueness. Regional Studies，1983，17（2）：73－89.

［27］奥利佛·威廉姆森，斯科特·马斯滕. 交易成本经济学（李自杰，蔡铭，译）. 北京：人民出版社，2008.

［28］迈克尔·波特. 竞争战略（陈小悦，译）. 北京：华夏出版社，2005.

[29] 迈克尔·波特. 竞争优势（陈小悦，译）. 北京：华夏出版社，2005.

[30] 迈克尔·波特. 国家竞争优势（李明轩，邱如美，译）. 北京：华夏出版社，2005.

[31] 迈克尔·波特. 品牌间选择、战略及双边市场力量（李明轩，邱如美，译）. 北京：华夏出版社，2005.

[32] Cooke P. Heidenreich. Regional innovation Systems. London, Routledge, 2004.

[33] Krugman P. Geography and Trade. Cambridge, Mass: MIT Press, 1991.

[34] Krugman P. Development, Geography, and Economic Theory. Cambridge, Mass: MIT Press, 1995.

[35] Krugman P. Increasing Returns and Economic Geography. Journal of Political Economy, 1991 (99): 483 -499.

[36] Venables A J. Equilibrium Locations of Verticaly linked Industries. International Economic Review, 1996 (37): 341 -359.

[37] Venables A J. Geographical Disadvantage, Heckscher - Ohlin - Von Thunen Model of International Specialisation. World Bank Policy Research Paper, 1999 (2256): 1245 -1269.

[38] Markusen A. Sticky Places in Slippery Space: Atypology of Industrial Districts. Economic Geography, 1996 (72): 369 -382.

[39] Peter K, Meyer S. New Dimensions in Enterprise Cooperation and Development. From Clusters to Industrial Districts, 1998 (10): 362 -373.

[40] 张聪群. 产业集群互动机理研究. 咸阳：西北农林科技大学，2007.

[41] Lorenzoni G, The Leveraging of Inter-Firm Relationships as a Distinctive Organizational Capability: A Longitudinal Study. Strategic Management Review, 1999 (20): 317 -338.

[42] Gordon I R, McCann P. Industrial clusters: Complexes, Agglomeration and Social Networks? Urban Studies, 2000 (37): 513 -532.

[43] 任寿根. 新兴产业集群与制度分割. 管理世界，2004 (2): 56 -62.

[44] 仇保兴. 小企业集群研究. 上海：复旦大学出版社，1999.

[45] Swan D. The Stages of Banking Development and the Spatial Evolution of

Financial Systems. In Corbridge et al. , 1999: 31 –48.

[46] Damesick P J. Services Industries, Employment and Regional Development in Britain: a Review of Recent Trends and Issues. Transactionss of the Institute of British Geographers, 1986, 11 (2): 212 –226.

[47] Daniels P W. The Changing Geography of Advanced Producer Services: Theoretical and Empirical Perspectives. London and New York: Belhaven Press, 1991: 70 –150.

[48] Kirn T J. Growth and Change in the Service Sector of the USA: a Spatial Perspective. Annals of the Asscociation of American Geographers, 1992, 17 (3): 292 –305.

[49] Brien O R. The End of Geography? The Impact of Technology and Capital Flows. The Amex Bank Review, 1990, 7: 17 –29.

[50] Odell K. A. Capital Mobilization and Regional Financial Markets: The Pacific Coast States. New York: Garland, 1992: 253 –245.

[51] Martin R. The new economic georaphy of money. Corbridge et al. , 1999, (25): 253 –278.

[52] Uallachain B O. The Location and Growth of Business and Professional Services in American Metropolitan Areas. Annals of the Association of American Geographers, 1991, 81 (2): 254 –270.

[53] Hongmian G, Wheeler J O. The Location and Suburbanization of Business and Professional Services in the Atlanta Area. Growth and Change, 2002, 33 (3): 341 –369.

[54] Lundmark M. Computer Services in Sweden: Markets, Labour Qualifications and Patterns of Location. Geografiska Annaler, Series B, Human Geography, 1995, 7 (2): 125 –139.

[55] Illeris S. The Service Economy: A Geographical Approach. Chichester: John Wiley & Sons Ltd. , 1996: 101 –153.

[56] Airoldi A. The Impact of Urban Structure on the Location of Producer Services. The Service Industries Journal, 1997, 17 (1): 91 –114.

[57] Searle G H. Changes in Produce Services Location, Sydney: Globalization, Technology and Labor. Asia Pacific View Point, 1998, 39 (2): 237 –255.

[58] Sirat M. Producer Aervices and Growth Management of A Metropolitan Region: The Case of Kuala Lumpur, Malaysia. Asia Pacific Viewpoint, 1998, 39 (2): 221 -235.

[59] Coffey W J, Shearmur R G. Factors and Correlates of Employment Growth in the Canadian Urban System. Growth and Change, 1998, 29 (1): 44 -66.

[60] Shearmur R, Alvergne C. Intrametropolitan Patterns of High-Order Business Service Location: A Comparative Study of Seventeen Sectors in Ile-de-France. Urban Studies, 2002, 39 (7): 1143 -1163.

[61] Bennett R J, Daniel J G, Bratton W. The Location and Concentration of Businesses in Britain: Business Clusters, Business Services, Market Coverage and Local Economic Development. Transactions of the Institute of British Geographers, New Series, 1999, 24 (4): 393 -420.

[62] Stein R. Producer Services, Transaction Activities and Cities: Rethinking Occupational Categories in Economic Geography. European Planning Studies, 2002, 10 (6): 723 -743.

[63] Weterings A. Spatial Evolution of the Dutch Software and Computer Services Industry: First Results and a Research Agenda. Report for the Netherlands Institute for Spatial Research, 2003.

[64] Pedersen C R, Dalum B. Growth and Evolution of the Danish IT Sector: Geographical Concentration, Specialisation, and Diversity. Innovation and Competitiveness, 2006, 7: 18 -20.

[65] Pandit N R, Cook G A, Swann G M. A Comparison of Clustering Dynamics in the British Broadcasting and Financial Services Industries. International Journal of the Economics of Business, 2002, 9 (2): 195 -224.

[66] Bodenman J E. The Organizational Structure and Spatial Dynamics of Investment Advisory Services: The Case of Metropolitan Philadelphia, The Industrial Geographer, 2004, 2 (2): 128 -146.

[67] Boiteux O C, Guill A R. Changes in the Intra Metropolit An location of Producer Services in lied France: Do information technologies promote a more dispersed spatial pattern? Urban Geography, 2004, 25 (6): 550 -578.

[68] Forman C, Goldfarb A, Greenstein S. How Did Location Affect Adop-

tion of the Commercial Internet? Global Village vs. Urban Leadership. Journal of Urban Economics, 2005, 58: 389 - 420.

[69] Harry G, Michael K and Ron M: Spatial Crcuits of Global Finance. Cambridge Journal of Regions, Economy and Society, 2009, 34, 143 - 148.

[70] 张文忠. 大城市服务业区位理论及其实证研究. 地理研究, 1999, 18 (3): 273 - 281.

[71] Junjie H. Location Determinants and Patterns of Foreign Logistics Services in Shanghai, China. The Service Industries Journal, 2007, 27 (4): 339 - 354.

[72] 马风华, 刘俊. 我国服务业地区性集聚程度实证研究. 经济管理, 2006 (23): 10 - 13.

[73] 林彰平. 转型期珠江三角洲金融服务业空间格局演化研究. 广州: 中山大学, 2005.

[74] 胡霞, 魏作磊. 中国城市服务业发展差异的空间经济计量分析. 统计研究, 2006 (9): 54 - 59.

[75] 李井奎, 钱陈. 服务业的空间分布特征及与城市化的相关性分析. 浙江学刊, 2007 (1): 172 - 177.

[76] 李文秀. 美国服务业集聚实证研究. 世界经济研究, 2008 (1): 79 - 85.

[77] 李文秀. 中国服务业集聚实证研究及国际比较. 武汉大学学报 (哲学社会科学版), 2008, 61 (2): 213 - 219.

[78] 李文秀, 谭力文. 服务业集聚的二维评价模型及实证研究. 中国工业经济, 2008 (4): 55 - 63.

[79] 甄峰, 刘慧, 郑俊. 城市生产性服务业空间分布研究: 以南京为例. 世界地理研究, 2008, 17 (3): 24 - 31.

[80] 赵露璐. 上海市生产性服务业空间结构研究. 上海: 华东师范大学, 2008.

[81] 陶纪明. 上海生产者服务业空间集聚研究. 上海: 上海社会科学院, 2008.

[82] 赵群毅. 北京生产者服务业空间变动的特征与模式. 城市发展研究, 2008, 14 (4): 70 - 77.

[83] 赵群毅, 周一星. 北京都市区生产者服务业的空间结构. 城市规

划，2007，31（5）：24－31.

［84］申玉铭，邱灵，尚余力．京沪生产性服务业比较研究．地理研究，2009，28（2）：441－450.

［85］刘曙华，沈玉芳．生产性服务业的区位驱动力与区域经济发展研究．人文地理，2007，93（1）112－116.

［86］刘曙华，沈玉芳．生产性服务业的区位模式及其驱动机制．中国区域经济，2010，2（1）：14－20.

［87］陈殷，李金勇．生产性服务业区位模式及影响机制研究．上海经济研究，2004（7）：52－57.

［88］王松涛，郑思齐，冯杰．公共服务设施可达性及其对新建住房价格的影响：以北京中心城为例．地理科学进展，2007，26（6）：78－85.

［89］邵晖．北京市生产者服务业聚集特征．地理学报，2008，63（12）：89－98.

［90］方远平，阎小培．大都市服务业区位理论与实证研究．北京：商务印书馆，2008：217－228.

［91］周利芬，蒲涛．美国信息技术对生产率的影响研究．技术经济与管理研究，2006，4：38－40.

［92］Morrison C J，Berndt E R. Assessing the Productivity of Information Technology Equipment in the U. S. Manufacturing Industries. National Bureau of Economic Research Working Paper，1990：3582－3610.

［93］Loveman G W. An Assessment of the Productivity Impact on Information Technologies. MIT Management in the 1990s Working Paper，1988.

［94］Baily M N. What Has Happened to Productivity Growth? Science，1986 234（4775）：443－451.

［95］Brynjolfsson E，Yang S. Information Technology and Productivity：A Review of the Literature. Advances in Computers，1996，43：179－214.

［96］Brynjolfsson E，Hitt L M. Is Information Systems Spending Productive? New Evidence and New Results. International Conference on Information Systems，Orlando，Florida，USA，1993.

［97］Oliner S D，Sichel D E. Computers and Output Growth Revisited：How Big is the Puzzle? Brookings Papers on Economic Activity，1994（2）：273－334.

[98] Kraemer K L, Dedrick J. Payoffs from Investment in Information Technology: Lessons from the Asia-Pacific Region. World Development, 1994, 22 (12): 1921 –1931.

[99] Wilson D. IT Investment and Its Productivity Effects: An Organizational Sociologist's Perspective on Directions for Future Research. Economics of Innovation and New Technology, 1995, 3: 235 –251.

[100] Jorgenson D W, Stiroh K. Computers and Growth. Economics of Innovation and New Technology, 1995, 3: 295 –316.

[101] Schreyer P. The Contribution of Information and Communication Technology to Output Growth: A Study of the G7 Countries. OECD Science, Technology and Industry Working Papers, 2000.

[102] Dedrick J, Kraemer K L. The Productivity Paradox: Is it Resolved? Is there a New One? What Does it All Mean for Managers? Center for Research on Information Technology and Organizations. University of California: Irvine, 2001.

[103] Christopher G, Jaime M. International Comparisons of Productivity Growth: The Role of Information Technology and Regulatory Practices. International Finance Discussion Papers, 2002.

[104] Francesco, D. The IT Revolution across the U. S. States. IGIER Working Paper, 2002.

[105] Bart V A. The Contribution of ICT-Producing and ICT-Using Industries to Productivity Growth: A Comparison of Canada, Europe and the United States. International Productivity Monitor, 2002, 23: 56 –63.

[106] LEE I H, Pougesh K. Information Technology and Productivity Growth in Asia. IMF Working Paper, 2003.

[107] Vijsellaar F. Productivity and the Euro-Dollar Exchange Rate. Review of World Economics, 2004, 140: 1 –30.

[108] Adriani F, Becchetti L. Fair Trade: a Third Generation Welfare Mechanism to Make Globalisation Sustainable. CEIS Working Paper, 2005.

[109] Barua A, Kriebel C, Mukhopadhyay T. Information Technology and Business Value: An Analytic and Empirical Investigation. University of Texas, Austin Working Paper, 1991.

[110] Siegel D, Griliches Z. Purchased Services, Outsourcing, Computers and Productivity in Manufacturing. National Bureau of Economic Research, Working Paper, 1991.

[111] Oliner S D, Sichel D E. The Resurgence of Growth in the Late 1990s: Is Information Technology the Story? Journal of Economic Perspectives, 2000, 14 (4): 3 -22.

[112] Colecchia A, Schreyer P. ICT Investment and Economic Growth in the 1990s: Is the United States a Unique Case? A Comparative Study of Nine OECD Countries. Review of Economic Dynamics, 2002, 5 (2): 408 -442.

[113] Cron W L, Sobol M G. The Relationship Between Computerization and Performance: A Strategy for Maximizing the Economic Benefits of Computerization. Journal of Information and Management, 1983, 6: 171 -181.

[114] Parsons D J, Gotlieb C C, Denny M. Productivity and Computers in Canadian Banking. University of Toronto Dept. of Economics Working Paper, 1990.

[115] Franke R H. Technological Revolution and Productivity Decline: Computer Introduction in the Financial Industry. Technological Forecasting and Social Change, 1987, 31: 563 -610.

[116] Harris S E, Katz J L. Predicting Organizational Performance Using Information Technology Managerial Control Ratios. In Proceedings of the Twenty - Second Hawaii International Conference on System Science, 1989: 2761 -2790.

[117] Alpar P, Kim M. A Comparison of Approaches to the Measurement of IT Value. In Proceedings of the Twenty-Second Hawaii International Conference on System Science, 1990: 586 -590.

[118] Carlos M, James M. Information Technology, Workplace Organization, and the Demand for Skilled Labour: Firm-Level Evidence. The Quarterly Journal of Economics, 2002 (117): 339 -376.

[119] Yamamoto. The Justification of Information Technology Investments: [Master's Thesis]. Massachusetts: MIT Sloan School, 1991.

[120] Zachary G P. Computer Data Overload Limits Productivity Gains. Wall Street Journal, 1991, 11: 213 -269.

[121] Wilson D. IT Investment and Its Productivity Effects: An Organization-

al Sociologist's Perspective on Directions for Future Research. Economics of Innovation and New Technology, 1995, 3: 235 - 251.

[122] Barua A, Kriebel C, Mukhopadhyay T. Information Technology and Business Value: An Analytic and Empirical Investigation. Univ. of Texas, Austin Working Paper, 1991.

[123] Harrison. The Importance of Being Complementary. Technology Review, 1996, 99 (7): 65 - 78.

[124] Hitt L M, Brynjolfsson E. Information Technology and Internal Firm Organization: An Exploratory Analysis. Journal of Management Information Systems, 1997, 14 (2): 81 - 102.

[125] Brynjolfsson H, Lorin M. Beyond Computation: Information Technology, Organzational Transformation and Business Performance. Journal of Economic Perspectives, 2000, 14 (4): 23 - 49.

[126] Alfonso V. Determinants of Information Technology Competitive Value: Evidence from a Western European Industry. Journal of High Technology Management Research, 2003, 14: 245 - 268.

[127] 汪淼军，张维迎，周黎安．信息化、组织行为与组织绩效：基于浙江企业的实证研究．管理世界，2007 (4): 96 - 107.

[128] 熊伟，骆雅洁．高星级酒店业的信息技术“生产率悖论”研究．旅游学刊，2012，4 (27): 56 - 61.

[129] 李治堂，吴贵生．公司层次信息技术投资生产率的实证研究．系统管理学报，2008，17 (6): 648 - 655.

[130] 王雪萍，张成虎．信息技术对我国银行赢利性影响的实证研究．情报杂志，2007 (4): 32 - 37.

[131] 张成虎，王雪萍．信息技术投资对我国商业银行绩效的影响．当代经济科学，2006，6: 42 - 47.

[132] 雷小清．信息通信技术对服务业“成本病”的影响研究——基于OECD国家生产率的增长核算分析．财经论丛，2011 (4): 56 - 61.

[133] 李治堂．基于互补理论的信息技术投资绩效研究．科研管理，2009，30 (1): 8 - 14.

[134] 张之光，蔡剑锋．国家层面信息技术价值及“生产率悖论”研究．

科研管理，2013，34（7）：154－160.

［135］杜传忠，陈维宣，胡俊．信息技术、所有制结构与电子商务产业集聚——产业集聚力影响因素的实证检验．产业经济研究，2018，12：82－95.

［136］林丹明，梁强，曾楚宏．我国制造业的信息技术投资效果——结合行业影响因素的分析．经济理论与经济管理，2007，12：23－30.

［137］王立彦，张继东．ERP系统实施与公司业绩增长之关系——基于中国上市公司数据的实证分析．管理世界，2007，3：72－80.

［138］赵泉午，黄志忠，卜祥智．上市公司ERP实施前后绩效变化的实证研究——来自沪市1993～2003年的经验数据．管理科学学报，2008，1：91－102.

［139］张莉．上市公司信息技术投资生产率的实证检验．商业会计，2011，6：15－19.

［140］张杰．经济的区域差异与金融成长．金融与经济，1994（6）：56－61.

［141］周立，胡鞍钢．中国金融发展的地区差距分析：1978－1999．清华大学学报（哲学社会科学版），2002（5）：1－13.

［142］朱建芳，金雪军．中国地区金融差距变动趋势研究：1978－2004．宁波大学学报（人文社会科学版），2007（2）：94－98.

［143］金雪军，田霖．我国区域金融成长差异的态势：1978－2003．经济理论与经济管理，2004（8）：9－11.

［144］陆文喜，李国平．中国区域金融发展的收敛性分析．数量经济技术经济研究，2004，2：76－85.

［145］沈丽，鲍建慧．中国金融发展的地区差距问题研究——基于Dagum基尼系数方法的分析．山东财政学院学报，2013（4）：41－48.

［146］唐旭．论区域性金融中心的形成．城市金融论坛，1996（7）：34－40.

［147］殷德生，肖顺．体制转轨中的区域金融研究．上海：上海学林出版社，2006：18－25.

［148］郑长德．当代西方区域金融研究的演进及其我国区域金融研究的启示．西南民族大学学报（人文社科版），2005（11）：151－161.

［149］田霖．中国区域金融成长差异——基于金融地理学视角．北京：

经济科学出版社，2006：145－180.

[150] Adelman M A. The Measurement of Industrial Concentration. Review of Economics and Statistics，1951，33，269－296.

[151] Kwoka J. The Herfindahl Index in Theory and Practice. Antitrust Bulletin，1985（30）：915－947.

[152] Cetorelli N. Competitive Analysis in Banking：Appraisal of the Methodologies. Economic Perspectives. Federal Reserve Bank of Chicago，1999：2－15.

[153] Hall M，Tideman N. Measures of Concentration. American Statistical Association Journal，1967，2：162－168.

[154] Rosenbluth G. Measure of Concentration，in Business Concentration and Price Policy. National Bureau Committee for Economic Research，Princenton，1955：57－99.

[155] Hause J C. The Measure of Concentrated Industrial Structure and Size Distribution of Firms. Annals of Economic and Social Measurement，1977（6）：73－107.

[156] Cowell F A. Measuring Inequality. England：Oxford Phillip Allan，1977.

[157] Dickson V A. Conjectural Variation Elasticities and Concentration. Economics Letters，1981（7）：281－285.

[158] Horvarth J. Suggestion for Comprehensive Measure of Concentration. Southern Economic Journal，1970（36）：446－452.

[159] Bikker J A，Groenveld J M. Competition and Concentration in the EU Banking Industrial. Credit and Capital，2000（33）：62－98.

[160] Jacob A B，Katharina H. Measures of Competition and Concentration in the Banking Industry：a Review of the Literature. Economic and Financial Modelling，2002，35（2）：99－118.

[161] Gibbs A L，Su F E. On Choosing and Bounding Probility Metrics. Internet Statistics Revision，2002：1650－1659.

[162] Barrio E，Matran C. Tests of Goodness of Fit Based on the L2 wasserstein distances. Annals of Stastics，1999（27）：1230－1279.

[163] Irpino A，Romano E. Optimal Histogram Representation of Large Data

Sets: Fisher vs Piecewise Linear Approximations. Revuedes Nouvelles Technologies Information, 2007 (3): 99 – 110.

[164] 范学俊．金融发展与经济增长．上海：上海人民出版社，2008.

[165] Kim S. Labour Heterogeneity, Wage Bargaining, and Agglomeration Economics. Journal of Urban Economics, 1990 (3): 160 – 177.

[166] Rauch J F. Productivity Gains From Geographic Concentration of Human Capital: Evidence From Three Cities. Journal of Urban Economics, 1993, 34: 380 – 400.

[167] Begg I. The Spatial Impact of Completion of the EC Internal Market for Financial Services. Regional Studies, 1991, 26 (4): 333 – 347.

[168] Stuart C. Search and the Organization of Market Places. Malmo: Lund Economic Series, 1975.

[169] Gaspar J, Edward L. Glaeser. Information Technology and the Future of Cities. NBER Working Paper, 1996.

[170] Porter M E. Clusters and the New Economics of Competition. Harvard Business Review, 1998, 76 (6): 77 – 90.

[171] Porteous J. The Geography of Finance: Spatial Dimensions of Intermediary Behaviour. Aldershot: Avebery, 1995.

[172] Thrift N, Andrew L. The Gambling Propensity: Banks, Developing Country Debt Exposures and the New International Financial System. Geoforum, 1988, 19: 55 – 69.

[173] Thomas G. Cities and the Geography of Financial Centres. CEPR Discussion Paper Series, 1998: 1894 – 1920.

[174] Scholtens L J R. Centralization in International Financial Intermediation: Theory, Practice, and Evidence for the European Community. Engineering Construction and Architectual Management, 2013, 16: 376 – 391.

[175] Thomas G. Information Sharing in Banking: A Collusive Device? Swedish School of Economics and Business Administration, Working Paper, 2000.

[176] Rosen R D, Murray R. Opening Doors: Access to the Global market for financial sectors. New York: Council on Foreign Relations, 1997.

[177] McKillop D G, Hutchinson R W. Financial Intermediaries and Finan-

cial Markets: A UK Perspective. Regional Studies, 1991, 25 (6): 543 - 554.

[178] Lelyveld I P, Donker M A. Technology and the Relocation of Financial Activity: a European Perspective. European Planning Studies, 1997, 4: 1469 - 1537.

[179] Walter I. Globalization of Markets and Financial Centre Competition. In Challenges for Highly Developed Countries in the Global Economy, Kiel: Institute for Weltwirtschaft, 1998.

[180] Buch C M. Why Do Banks Go Abroad? Evidence from German Data. Financial Markets, Institutions and Instruments, 2000, 9 (1): 33 - 67.

[181] Keller W. Geographic Localization of International Technology Diffusion. CEPR Discussion Paper Series, 2001.

[182] Martin R. The new geographical turn in economics: some critical reflections. Cambridge Journal of Economics, 1999, 23 (1): 65 - 91.

[183] Philippon T. The Evolution of the US Financial Industry from 1860 to 2007. Working Paper, 2008.

[184] Faulconbridge J R. London and Frankfurt in Europe's Evolving Financial Centre Network. AREA, 2004, 36 (3): 235 - 244.

[185] 陈远，彭珍．信息技术投资效益实现研究．中国图书馆学报，2006 (2): 46 - 50.

[186] Welfens P J. Internet Economics. New York: Spring Verlag Heidberg, 2010.

[187] 白仲林．面板数据的计量经济分析．天津：南开大学出版社，2008.

[188] Rohlfs J A. Theory of Interdependent Demand for a Communication Service. Bell Journal of Economics, 1974, 5 (1): 15 - 37.

[189] Rohlfs J. Bandwag on Effects in High - Technology Industries. Cambridge, MA: MIT Press, 2001.

[190] Moss M L, Townsend A M. How Telecommunications Systems Transforming Urban Spaces. Cities is Telecommunications Age: The Fracturing of Geographies. New York and London: Routledge, 2003: 31 - 41.

[191] 巴凯斯，路紫．从地理空间到地理网络空间变化的趋势．地理学

报，2000，55（1）：104－110.

［192］ Jean C R，Jean T. Platform Competition in Two-sided Markets. Journal of the European Economic Association，2003，1（4）：990－1029.

［193］ 刘卫东．论我国互联网的发展及其潜在空间影响．地理研究，2002，21（3）：347－355.

［194］ 吴玉鸣，徐建华，李建霞．中国区域信息发展水平：因素分析与综合集成评估．经济地理，2004，24（3）：312－325.

［195］ Schumpeter J A. The Theory of Economic Development. Cambridge：Havard University Press，1992.

［196］ Levine R. Financial Development and Economic Growth：Views and Agenda. Journal of Economic Literature，1997，35：688－726.

［197］ Greenwood J，Jovanovic B. Financial Development，Growth，and the Distribution of Income. Journal of Political Economy，1990，98（5）：1076－1107.

［198］ Kindle B，Charles P. The Formation of Financial Centers：A Study of Comparative Economic History. America：Princeton University，1974.

［199］ Park Y S，Musa E. International Banking and Financial Centers. Boston：Kluwer，1989.

［200］ Bencivenga V R，Smith B D，Starr R M. Transactions Costs，Technological Choice，and Endogenous Growth. Journal of Economic Theory，1995，67（1）：341－360.

［201］ Bernard A，Jones C. Productivity and Convergence Across U. S. States and Industries. Empirical Economics，1996（21）：113－135.

［202］ Clark G L. Pension Security in the Global Economy：Market and National Institutions in the 21st Century. Environment and Planning，2003，35：1339－1356.

［203］ Gehrig T. Cities and the Geography of Financial Centers. http：//www. uni－freiburg. de/fakultaet/erwien/multimedia/centers. pdf，1998.

［204］ Baldwin R，Martin P. Global Income Divergenee，Trade and Industrialization：The Geography of Growth Take off. Journal of economic Growth，2001，6：5－37.

［205］ Audress D，Feldman M. Spillovers and the Geography of Innovation and Production. American Economic Review，2006，86（3）：630－640.

［206］陈文烽，平瑛．上海金融产业集聚与经济增长的关系．统计与决策，2008（10）：93－95.

［207］丁艺．金融集聚与区域经济增长关系研究．统计与决策，2009（6）：72－80.

［208］顾乃华．我国城市生产性服务业集聚对工业的外溢效应及其区域边界——基于 HML 模型的实证研究．财贸经济，2011（5）：46－72.

［209］李林，丁艺，刘志华．金融集聚对区域经济增长溢出作用的空间计量分析．金融研究，2011（5）：113－123.

［210］Ciccone A，Hall R E. Productivity and the Density of Economic Activity. American Economic Review，1996，86（1），54－70.

［211］张浩然，衣保中．基础设施、空间溢出与区域全要素生产率——基于中国 226 个城市空间面板杜宾模型的经验研究．经济学家，2012，2：3－15.

［212］Vandenbussche J P. Distance to Frontier and Composition of Human Capital. Journal of Economic Growth，2006，11（2）：35－78.

附　　录

附表 1　　**1995 年以来我国信息通信技术发展基础数据**

年份	互联网上网人数（万人）	互联网宽带接入端口（万个）	互联网宽带接入用户（万户）	移动电话交换机容量（万户）	长途光缆线路长度（千米）
1995				796.7	106882
1996				1536.2	130159
1997	62			2585.7	150754
1998	210			4706.7	194100
1999	890			8136.0	239735
2000	2250			13985.6	286642
2001	3370			21926.3	399082
2002	5910		325.3	27400.3	487684
2003	7950	1802.3	1115.1	33698.4	594303
2004	9400	3578.1	2487.5	39684.3	695271
2005	11100	4874.7	3735.0	48241.7	723040
2006	13700	6486.4	5085.3	61032.0	722439
2007	21000	8539.3	6641.4	85496.1	792154
2008	29800	10890.4	8287.9	114531.4	797979
2009	38400	13835.7	10397.8	144084.7	831011
2010	45730	18781.1	12629.1	150284.9	818133
2011	51310	23239.4	15000.1	171636.0	842341

续表

年份	互联网上网人数（万人）	互联网宽带接入端口（万个）	互联网宽带接入用户（万户）	移动电话交换机容量（万户）	长途光缆线路长度（千米）
2012	56400	32108.40	17518.30	184023.80	868200
2013	61758	35945.30	18890.90	196557.30	928400
2014	64875	40546.10	20048.34	205024.90	928421
2015	68826	57709.40	25946.57	218150.00	965334
2016	73125	71276.90	29720.65	218540.00	994107
2017	77198	77599.09	34854.01	242185.80	1045010

附表 2　　1978～1985 年区位因素分析基础数据

省份	人口密度（人/平方千米）	对外投资总额（万元）	各省专利数（项）	信息技术年底从业人员（万人）	公路线路里程（千米）	互联网用户数（户）
北京	570	90411	439	38.36	7694	419745
天津	715	6820	157	20.253	12266	152477
河北	447	3452	70	12.665	16201	194814
山西	253	53	37	14.996	20751	139371
内蒙古	53	629	17	12.096	8571	104826
辽宁	255	18812	211	48.058	40924	416024
吉林	162	1241	82	22.338	12463	174695
黑龙江	83	1756	98	26.168	21909	210109
上海	1967	76179	220	37.828	33322	337955
江苏	612	9751	220	40.399	44511	421162
浙江	432	3180	119	12.249	12793	284873
安徽	480	552	37	14.253	9467	101742
福建	251	30968	23	11.622	5102	83732
江西	289	6131	55	9.590	5991	86217
山东	523	4778	118	40.949	25721	283252
河南	635	7023	54	22.109	22390	15457

续表

省份	人口密度（人/平方千米）	对外投资总额（万元）	各省专利数（项）	信息技术年底从业人员（万人）	公路线路里程（千米）	互联网用户数（户）
湖北	341	932	80	24.625	18108	172041
湖南	360	1437	194	26.200	13484	143155
广东	370	214823	78	18.066	37075	303740
广西	225	4887	57	7.522	3904	45390
四川	423	1431	116	45.802	31228	255460
贵州	297	1454	19	4.598	4966	31314
云南	184	1478	35	9.078	8710	51111
西藏	6	0	0		32	4855
陕西	303	7051	79	13.706	7063	139426
甘肃	104	1707	31	9.855	4243	80040
青海	10	813	3	2.079	555	20148
宁夏	134	150	18	2.260	2747	22664
新疆	22	4814	4	5.692	2625	62473

附表 3　　1986～1995 年区位因素分析基础数据

省份	人口密度（人/平方千米）	第三产业从业人员比重（%）	对外投资总额（万元）	各省专利数（项）	信息技术年底从业人员（万人）	公路线路里程（千米）	互联网用户数（户）
北京	628	55	194740	4025	26.2712	5264	976000
天津	788	35	177642	1034	8.3990	23327	960309
河北	330	23	62417	1580	4.9098	52359	1319214
山西	237	29	4374	569	8.1735	53334	554809
内蒙古	49	29	9287	415	2.6600	17011	416919
辽宁	272	29	239120	2745	13.9109	86612	1999300
吉林	142	26	22095	824	7.0255	22371	1139113
黑龙江	89	28	22605	1403	12.0572	31587	1433804

续表

省份	人口密度（人/平方千米）	第三产业从业人员比重（%）	对外投资总额（万元）	各省专利数（项）	信息技术年底从业人员（万人）	公路线路里程（千米）	互联网用户数（户）
上海	2045	34	400517	1436	16.1239	23775	2096658
江苏	618	22	450074	2413	15.0562	69947	3348632
浙江	458	24	116782	2131	19.6772	53320	2319458
安徽	431	22	21609	574	13.3667	17310	853083
福建	271	24	363625	933	3.9670	36127	1309907
江西	320	25	28043	509	3.9158	15399	465302
山东	557	22	300543	2861	27.0561	56611	1952750
河南	536	19	59119	1145	10.6699	40728	1168446
湖北	321	25	124503	1017	23.4773	43550	1221864
湖南	335	22	31131	1515	5.4240	45888	1142248
广东	370	29	1104005	4611	16.9519	95072	5387643
广西	270	25	76832	665	1.6907	16771	477803
海南	263	22	98103	108	1.064	3873	239633
重庆	652	18	45268	920	2.3070	15890	333126
四川	422	18	78735	1099	60.9801	55385	1323074
贵州	305	21	3535	274	1.6805	7729	186873
云南	174	22	15563	569	1.7870	11341	338343
陕西	301	22	24438	1085	14.6958	15725	626100
甘肃	88	24	4275	257	6.0969	6733	373476
青海	8	35	76	65	9.0682	533	65963
宁夏	184	30	5247	111	0.8453	2880	118774
新疆	25	19	1426	312	1.2796	696	338026

附表 4　　1996～2017 年区位因素分析基础数据

省份	第三产业从业人员比重（%）	人口密度（人/平方千米）	网络、通信基础设施	对外投资总额（万元）	各省专利数（项）	信息技术年底从业人员（万人）	公路线路里程（千米）
西藏	53.31		12.8	1245	121	0.22	63108
青海	59.30	288.53	41.6	16893	289	0.88	64280
海南	72.29	514.89	80.4	158087	110	0.97	22916
宁夏	55.55	102.47	52.2	20199	24	0.60	24506
甘肃	59.64	58.45	133.6	7024	1868	1.80	123696
吉林	56.58	170.53	307.4	494705	1021	5.79	91754
新疆	46.21	120.22	206.1	33485	2642	2.50	155150
贵州	56.47	296.46	204.8	51541	3386	2.68	157820
黑龙江	47.35	93.34	385.4	3303804	12236	6.12	155592
江西	55.44	281.22	313.0	605881	5550	3.22	146618
陕西	60.42	187.00	369.8	235483	11662	7.72	151986
广西	64.49	224.52	414.8	101381	501	4.21	104889
内蒙古	55.95	33.20	231.0	404125	2262	4.20	160995
云南	58.65	145.41	298.0	215400	1428	4.07	214524
湖南	55.26	345.26	483.1	615031	16064	6.86	232190
安徽	55.49	491.20	432.6	662887	32681	4.37	149535
山西	52.44	220.90	416.1	249530	4752	4.93	134808
湖北	51.20	351.70	580.1	465500	19035	5.64	301252
重庆	52.40	398.83	319.9	1052948	15525	3.94	118562
河北	59.48	388.83	580.1	526016	11119	5.86	156965
辽宁	50.26	288.90	665.1	2427000	19176	8.47	104026
天津	52.13	837.46	186.7	1305602	40016	2.08	15163
福建	35.66	285.13	605.2	620111	21857	5.43	92322
四川	51.85	430.03	668.4	948137	28446	6.47	283000
河南	55.22	666.02	784.5	1008209	1279	5.87	247587
山东	45.51	602.96	1154.1	1116022	58843	4.93	233189

续表

省份	第三产业从业人员比重（%）	人口密度（人/平方千米）	网络、通信基础设施	对外投资总额（万元）	各省专利数（项）	信息技术年底从业人员（万人）	公路线路里程（千米）
北京	76.11	766.44	510.8	705447	40888	49.09	21347
上海	59.35	2227.63	493.8	1260100	47960	8.02	12084
江苏	44.59	727.33	593.6	3213173	199814	9.92	152247
浙江	37.78	455.91	1019.7	1166601	130190	12.56	111776
广东	48.86	470.92	1643.9	2179836	128415	19.74	190724

附表 5　　空间相关性基础数据（2010 年）

省份	金融业增加值（亿元）	金融业从业人员（万人）	信息技术从业人员（万人）	省份	金融业增加值（亿元）	金融业从业人员（万人）	信息技术从业人员（万人）
北京	2215.41	27.2	41.7	湖北	674.57	16.1	4.5
天津	756.5	7.0	2.2	湖南	501.09	18.6	5.7
河北	746.01	24.2	6.3	广东	2916.13	41.2	17.6
山西	519.32	13.8	4.1	广西	445.37	9.8	3.6
内蒙古	447.46	10.1	3.9	海南	105.24	2.1	0.7
辽宁	755.57	20.7	7.0	重庆	704.66	10.7	2.9
吉林	207.65	10.2	5.2	四川	868.15	21.3	6.3
黑龙江	370.78	14.2	5.6	贵州	297.27	6.4	2.7
上海	2277.4	23.6	6.7	云南	456.23	9.0	3.5
江苏	2600.11	26.9	8.7	西藏	31.7	0.8	0.4
浙江	2730.29	29.4	11.2	陕西	432.11	14.1	7.1
安徽	503.85	14.7	3.8	甘肃	145.05	6.8	1.8
福建	862.41	12.9	4.6	青海	62.56	2.0	0.8
江西	357.44	10.5	3.3	宁夏	134.18	2.7	0.6
山东	1640.41	33.2	6.6	新疆	288.77	7.1	1.8
河南	868.2	22.6	4.9	全国	30678.9	470.1	185.8

附表6　　空间相关性基础数据（2012年）

省份	金融业增加值（亿元）	金融业从业人员（万人）	信息技术从业人员（万人）	省份	金融业增加值（亿元）	金融业从业人员（万人）	信息技术从业人员（万人）
北京	1603.63	25.38	36.21	湖北	479.11	15.86	4.62
天津	461.2	6.68	2.48	湖南	402.57	17.28	4.94
河北	525.67	23.42	6.05	广东	2283.29	37.49	16.73
山西	361.64	13.99	13.99	广西	336.82	9.4	3.53
内蒙古	291.1	9.92	3.91	海南	65.73	1.96	0.69
辽宁	560.2	20.19	6.08	重庆	389.97	9.75	2.55
吉林	180.83	9.86	5.09	四川	524.63	20.38	5.92
黑龙江	227.54	13.48	5.33	贵州	194.44	5.94	2.38
上海	1804.28	21.71	6.52	云南	351.74	8.85	4.05
江苏	1596.98	26.62	7.33	西藏	23.17	0.77	0.37
浙江	1899.33	27.98	10.03	陕西	336.21	12.86	6.19
安徽	359.6	14.54	3.74	甘肃	88.27	1.71	2.24
福建	612.2	12.16	4.09	青海	45.63	1.82	0.82
江西	165.1	9.98	3.61	宁夏	75.54	2.65	0.68
山东	1044.9	32.8	6.2	新疆	198.87	6.69	1.97
河南	499.92	22.02	5.2				

附表7　　空间相关性基础数据（2015年）

省份	金融业增加值（亿元）	金融业从业人员（万人）	信息技术从业人员（万人）	省份	金融业增加值（亿元）	金融业从业人员（万人）	信息技术从业人员（万人）
北京	1603.63	25.38	36.21	辽宁	560.2	20.19	6.08
天津	461.2	6.68	2.48	吉林	180.83	9.86	5.09
河北	525.67	23.42	6.05	黑龙江	227.54	13.48	5.33
山西	361.64	13.99	13.99	上海	1804.28	21.71	6.52
内蒙古	291.1	9.92	3.91	江苏	1596.98	26.62	7.33

续表

省份	金融业增加值（亿元）	金融业从业人员（万人）	信息技术从业人员（万人）	省份	金融业增加值（亿元）	金融业从业人员（万人）	信息技术从业人员（万人）
浙江	1899.33	27.98	10.03	重庆	389.97	9.75	2.55
安徽	359.6	14.54	3.74	四川	524.63	20.38	5.92
福建	612.2	12.16	4.09	贵州	194.44	5.94	2.38
江西	165.1	9.98	3.61	云南	351.74	8.85	4.05
山东	1044.9	32.8	6.2	西藏	23.17	0.77	0.37
河南	499.92	22.02	5.2	陕西	336.21	12.86	6.19
湖北	479.11	15.86	4.62	甘肃	88.27	1.71	2.24
湖南	402.57	17.28	4.94	青海	45.63	1.82	0.82
广东	2283.29	37.49	16.73	宁夏	75.54	2.65	0.68
广西	336.82	9.4	3.53	新疆	198.87	6.69	1.97
海南	65.73	1.96	0.69				

附表 8　　空间相关性基础数据（2017 年）

省份	金融业增加值（亿元）	金融业从业人员（万人）	信息技术从业人员（万人）	省份	金融业增加值（亿元）	金融业从业人员（万人）	信息技术从业人员（万人）
北京	4655.37	54.4	77.4	浙江	3533.05	48.5	23
天津	1951.75	19.2	5.3	安徽	1663.59	23.7	8.2
河北	2053.44	34.6	7.5	福建	2055.53	20.8	10.8
山西	1320.05	18.6	4.9	江西	1107.12	13.3	6.3
内蒙古	1099.85	11.7	4.8	山东	3651.56	46.1	18.9
辽宁	1964.58	28.3	12.9	河南	2509.19	29.7	13.2
吉林	709.64	12.2	6.3	湖北	2640.86	21.5	12.7
黑龙江	932.35	22.7	8.2	湖南	1610.31	26.7	6.9
上海	5330.54	34.2	30.7	广东	6853.01	48.9	49.9
江苏	6783.87	40.3	27.9	广西	1273.4	14.7	4

续表

省份	金融业增加值（亿元）	金融业从业人员（万人）	信息技术从业人员（万人）	省份	金融业增加值（亿元）	金融业从业人员（万人）	信息技术从业人员（万人）
海南	308.94	4.8	1.9	陕西	1300.1	22.4	11.6
重庆	1813.73	14.4	4.8	甘肃	553.59	8.4	2.9
四川	3203.27	31.7	20.1	青海	274.6	2.3	0.9
贵州	787.88	9.2	3.8	宁夏	314.69	4	0.8
云南	1194.67	10.5	5.2	新疆	623.53	9.8	2.8
西藏	110.2	1.3	0.5	全国	69100	688.8	395.4

附表 9　　面板回归基础数据（2009 年）

省份	金融业增加值（亿元）	金融业从业人员（万人）	信息技术从业人员（万人）	信息技术固定资本投资（亿元）	非信息技术固定资本投资（亿元）
北京	1603.63	25.38	36.21	139.2	7.4
天津	461.2	6.68	2.48	51.32	1.6
河北	525.67	23.42	6.05	11.23	11.94
山西	361.64	13.99	13.99	87.68	1.87
内蒙古	291.1	9.92	3.91	47.85	23.26
辽宁	560.2	20.19	6.08	32.5	41.02
吉林	180.83	9.86	5.09	57.04	8.28
黑龙江	227.54	13.48	5.33	146.3	6.5
上海	1804.28	21.71	6.52	125.77	15.63
江苏	1596.98	26.62	7.33	137.94	14.39
浙江	1899.33	27.98	10.03	157.51	21.62
安徽	359.6	14.54	3.74	91.12	16.12
福建	612.2	12.16	4.09	147.38	16.91
江西	165.1	9.98	3.61	49.22	21.68
山东	1044.9	32.8	6.2	69.13	14.55
河南	499.92	22.02	5.2	74.28	12.19

续表

省份	金融业增加值（亿元）	金融业从业人员（万人）	信息技术从业人员（万人）	信息技术固定资本投资（亿元）	非信息技术固定资本投资（亿元）
湖北	479.11	15.86	4.62	69.27	16.13
湖南	402.57	17.28	4.94	101.5	12.37
广东	2283.29	37.49	16.73	253	19.38
广西	336.82	9.4	3.53	92.45	16.84
海南	65.73	1.96	0.69	19.63	2.57
重庆	389.97	9.75	2.55	53.06	8.84
四川	524.63	20.38	5.92	135.94	7.38
贵州	194.44	5.94	2.38	60.03	7.4
云南	351.74	8.85	4.05	62.76	5
西藏	23.17	0.77	0.37	9.46	0.38
陕西	336.21	12.86	6.19	58.24	6.02
甘肃	88.27	1.71	2.24	18.62	2.83
青海	45.63	1.82	0.82	2.91	2.3
宁夏	75.54	2.65	0.68	13.09	0.96
新疆	198.87	6.69	1.97	43.25	5.22

附表 10　　面板回归基础数据（2010 年）

省份	金融业增加值（亿元）	金融业从业人员（万人）	信息技术从业人员（万人）	信息技术固定资本投资（亿元）	非信息技术固定资本投资（亿元）
北京	1863.61	27.2	41.7	142.4	30.3
天津	572.99	7	2.2	47.7	2.9
河北	615.42	24.2	6.3	40.8	12.7
山西	448.3	13.8	13.8	25.99	2.6
内蒙古	346.44	10.1	3.9	70.38	38.1
辽宁	639.27	20.7	7	32.5	32.5
吉林	190.12	10.2	5.2	48.1	10.9

续表

省份	金融业增加值（亿元）	金融业从业人员（万人）	信息技术从业人员（万人）	信息技术固定资本投资（亿元）	非信息技术固定资本投资（亿元）
黑龙江	288.19	14.2	5.6	64.5	9.3
上海	1950.96	23.6	6.7	115.6	29
江苏	2105.92	26.9	8.7	152.6	38.8
浙江	2326.58	29.4	11.2	155.8	34.7
安徽	396.17	14.7	3.8	83.5	22.1
福建	767.58	12.9	4.6	140.3	26.7
江西	241.49	10.5	3.3	62.8	25.8
山东	1361.45	33.2	6.6	54.1	22.7
河南	697.68	22.6	4.9	56.3	14.3
湖北	561.27	16.1	4.5	74.6	18.2
湖南	463.16	18.6	5.7	108.7	5.5
广东	2658.76	41.2	17.6	253	35.3
广西	384.53	9.8	3.6	78.1	19.7
海南	78.12	2.1	0.7	17.6	5.4
重庆	496.56	10.7	2.9	76.7	3.7
四川	654.7	21.3	6.3	107	9.6
贵州	231.51	6.4	2.7	45.3	6
云南	375.08	9	3.5	51.2	4.8
西藏	27.08	0.8	0.4	9.8	0.8
陕西	384.75	14.1	7.1	77.8	3.3
甘肃	100.54	1.7	1.8	22.1	3.3
青海	54.53	2	0.8	2.2	1.2
宁夏	97.87	2.7	0.6	15.5	0.3
新疆	225.2	7.1	1.8	41.4	7.1

附表 11　　　　面板回归基础数据（2011 年）

省份	金融业增加值（亿元）	金融业从业人员（万人）	信息技术从业人员（万人）	信息技术固定资本投资（亿元）	非信息技术固定资本投资（亿元）
北京	2215.41	32.87	49.09	112.93	38.05
天津	756.5	7.72	2.08	70.29	34.75
河北	746.01	23.83	5.86	78.64	24.14
山西	519.32	15.04	15.04	25.99	1.67
内蒙古	447.46	10.44	4.2	70.38	45.16
辽宁	755.57	22.42	8.47	56.68	56.68
吉林	207.65	10.52	5.79	38.08	4.92
黑龙江	350.82	14.67	6.12	82.41	9.25
上海	2277.4	27.78	8.2	82.19	23.34
江苏	2600.11	28.94	9.92	180.43	55.41
浙江	2730.29	31.88	12.56	138.37	25.06
安徽	503.85	16.04	4.37	58.35	58.21
福建	862.41	13.6	5.43	106.68	23.25
江西	357.44	10.89	3.22	44.54	23.61
山东	1640.41	34.62	8.37	69.13	33.29
河南	868.2	23.81	5.87	31.91	16.57
湖北	674.57	15.76	5.64	82.16	30.33
湖南	501.09	20.36	6.86	72.99	19.61
广东	2916.13	46.09	19.74	243.28	30.59
广西	445.37	11.01	4.21	93.19	19.38
海南	105.24	2.4	0.97	29.07	6.37
重庆	704.66	11.5	3.94	47.78	2.52
四川	868.15	21.45	6.47	79.87	31.78
贵州	297.27	7.15	2.68	15.49	0.85
云南	456.23	9.73	4.07	49.21	4.11
西藏	31.7	0.94	0.22	5.96	0.47
陕西	432.11	14.05	7.72	62.5	2.9

续表

省份	金融业增加值（亿元）	金融业从业人员（万人）	信息技术从业人员（万人）	信息技术固定资本投资（亿元）	非信息技术固定资本投资（亿元）
甘肃	145.05	1.64	1.8	32.38	10.39
青海	62.56	2	0.88	0.59	0.26
宁夏	134.18	2	0.6	16.3	2.65
新疆	288.77	8.09	2.5	47.61	4.7

附表 12　　面板回归基础数据（2012 年）

省份	金融业增加值（亿元）	金融业从业人员（万人）	信息技术从业人员（万人）	信息技术固定资本投资（亿元）	非信息技术固定资本投资（亿元）
北京	2536.91	37.6	52.6	161.96	26.63
天津	1001.59	7.8	3.3	75.27	21.40
河北	913.66	24.7	6.5	88.80	24.38
山西	639.61	15.8	5.3	35.61	2.02
内蒙古	502.01	10.8	4.4	83.15	25.15
辽宁	969.37	22.5	9.0	133.13	63.88
吉林	244.63	10.9	4.7	69.71	14.54
黑龙江	485.11	16.0	6.1	124.59	31.63
上海	2450.36	29.5	8.6	121.34	49.15
江苏	3136.51	29.4	10.8	266.01	93.26
浙江	2762.24	36.4	14.1	111.02	92.86
安徽	617.62	16.8	4.5	72.84	62.61
福建	1015.37	14.8	5.3	143.28	30.14
江西	413.07	10.6	4.3	50.58	24.71
山东	1936.11	32.7	9.1	91.16	51.62
河南	1013.60	23.3	6.3	46.78	14.84
湖北	870.36	16.3	5.6	86.40	45.00
湖南	579.76	20.7	7.1	59.62	44.06

续表

省份	金融业增加值（亿元）	金融业从业人员（万人）	信息技术从业人员（万人）	信息技术固定资本投资（亿元）	非信息技术固定资本投资（亿元）
广东	3171.96	47.6	18.6	341.50	81.55
广西	573.05	11.7	4.4	92.80	23.02
海南	130.69	2.8	1.0	34.92	0.55
重庆	915.65	13.0	3.9	80.38	2.54
四川	1303.56	23.0	6.0	66.53	46.41
贵州	365.87	7.4	2.5	6.38	
云南	541.18	9.8	4.3	59.70	4.94
西藏	32.04	0.8	0.3	12.74	2.44
陕西	551.20	14.6	7.8	86.32	29.00
甘肃	184.43	7.2	2.0	32.17	11.00
青海	83.73	2.2	0.9	1.95	0.93
宁夏	167.48	3.0	0.6	11.47	0.69
新疆	360.40	8.1	2.6	43.85	2.97

附表 13　　面板回归基础数据（2013 年）

省份	金融业增加值（亿元）	金融业从业人员（万人）	信息技术从业人员（万人）	信息技术固定资本投资（亿元）	非信息技术固定资本投资（亿元）
北京	2943.13	39.1	58.2	191.4	48.2
天津	1235.91	8.1	3.6	70.8	41.2
河北	1137.72	25.6	8.6	115.6	44.7
山西	809.90	15.6	6.0	63.3	3.9
内蒙古	625.14	11.1	5.9	110.9	28.3
辽宁	1249.71	23.2	12.7	122.5	159.5
吉林	399.54	11.0	6.7	60.2	20.9
黑龙江	606.22	15.9	7.1	136.0	26.2
上海	2823.81	30.0	21.7	112.4	15.2

续表

省份	金融业增加值（亿元）	金融业从业人员（万人）	信息技术从业人员（万人）	信息技术固定资本投资（亿元）	非信息技术固定资本投资（亿元）
江苏	3958.79	30.8	30.5	381.6	116.6
浙江	2795.13	36.3	15.4	136.0	94.8
安徽	912.77	17.2	6.2	114.9	90.1
福建	1264.72	15.1	7.0	136.5	55.1
江西	542.83	11.3	6.3	48.4	31.4
山东	2383.43	34.8	17.5	107.5	61.7
河南	1280.92	24.1	9.5	74.7	21.3
湖北	1179.55	17.3	9.1	96.4	75.9
湖南	758.9	21.2	7.3	84.6	51.9
广东	4122.81	43.3	33.3	301.8	75.2
广西	777.60	11.6	5.2	109.7	39.1
海南	187.14	2.8	1.3	28.1	5.5
重庆	1080.14	13.1	4.9	87.0	3.5
四川	1712.77	24.1	15.6	103.3	62.5
贵州	444.53	8.0	3.4	8.0	2.1
云南	725.9	9.9	6.6	76.3	6.3
西藏	41.75	1.0	0.5	4.5	9.2
陕西	738.52	15.0	9.5	85.6	34.4
甘肃	294.18	7.2	3.1	49.8	9.6
青海	145.23	2.2	1.0	3.5	3.2
宁夏	206.34	3.1	0.8	12.4	1.7
新疆	473.57	8.7	2.9	50.9	2.9

附表14　　面板回归基础数据（2014年）

省份	金融业增加值（亿元）	金融业从业人员（万人）	信息技术从业人员（万人）	信息技术固定资本投资（亿元）	非信息技术固定资本投资（亿元）
北京	3357.71	43.2	61.1	178.03	54.31
天津	1422.28	8.9	3.8	126.43	64.81

续表

省份	金融业增加值（亿元）	金融业从业人员（万人）	信息技术从业人员（万人）	信息技术固定资本投资（亿元）	非信息技术固定资本投资（亿元）
河北	1347.58	27.7	8.6	133.47	25.94
山西	897.26	15.6	5.5	58.61	2.34
内蒙古	724.16	11.3	5	246.91	37.88
辽宁	1482.17	24.4	13	213.07	105.96
吉林	464.96	11.5	6.6	112.67	56.68
黑龙江	707.47	16.9	7.6	169.44	28.97
上海	3400.41	33	24.8	110.03	20.54
江苏	4723.69	33.3	29	504.89	173.25
浙江	2767.44	38	16.4	210.35	92.51
安徽	1046.67	17.7	7.4	150.48	102.39
福建	1449.82	16.5	7.1	141.96	46.59
江西	739.70	12.2	7.2	73.85	33.67
山东	2709.65	38.8	17	171.41	83.76
河南	1509.20	24	9.7	106.69	28.80
湖北	1372.61	18	10.5	84.10	84.21
湖南	950.04	22.4	7.6	112.38	68.43
广东	4447.43	43.2	34.6	430.79	96.23
广西	876.47	11.8	4.5	134.63	45.43
海南	210.63	3.4	1.6	27.67	1.59
重庆	1225.27	13.2	4.7	57.84	3.73
四川	1828.09	24.2	16.3	91.83	27.67
贵州	491.65	8.4	3.3	14.00	2.92
云南	860.98	10.1	5.2	75.84	6.96
西藏	55.58	0.9433	0.5	6.55	12.63
陕西	948.93	16.1	10.4	164.29	31.87
甘肃	364.84	7.2	2.8	55.39	17.24
青海	175.21	2.2	0.9	15.03	0.77
宁夏	230.16	3.4	0.8	30.85	2.88
新疆	536.94	8.9	2.8	100.56	2.03

附表 15　　面板回归基础数据（2015 年）

省份	金融业增加值（亿元）	金融业从业人员（万人）	信息技术从业人员（万人）	信息技术固定资本投资（亿元）	非信息技术固定资本投资（亿元）
北京	3926.30	47.16	68.00	240.00	73.30
天津	1588.12	12.13	4.35	171.37	47.10
河北	1480.92	29.91	8.85	147.17	47.90
山西	1140.54	16.82	5.54	104.3	4.50
内蒙古	829.20	2.26	5.02	84.20	36.40
辽宁	1869.50	26.01	13.29	202.60	71.60
吉林	613.00	11.83	6.55	191.20	36.70
黑龙江	847.70	18.70	7.38	95.30	32.00
上海	4052.23	33.74	25.44	127.27	24.50
江苏	5332.94	35.05	28.26	662.86	150.80
浙江	2922.93	42.30	17.06	275.18	102.20
安徽	1255.90	19.12	7.65	255.40	72.70
福建	1681.33	17.88	9.00	261.86	57.10
江西	895.50	12.58	6.70	125.43	41.10
山东	2994.66	41.56	17.44	287.36	99.40
河南	1991.11	24.35	10.43	161.70	19.70
湖北	1853.12	19.47	11.47	156.88	53.20
湖南	1153.26	24.04	7.24	259.31	88.20
广东	5757.08	46.07	35.31	486.81	113.20
广西	1002.32	13.27	4.35	151.13	39.00
海南	242.82	4.10	1.53	79.75	1.90
重庆	1410.18	13.28	4.67	82.43	21.60
四川	2113.20	25.87	18.25	267.36	23.00
贵州	607.11	8.65	3.26	45.30	7.70
云南	981.85	9.95	4.89	63.84	9.00
西藏	69.79	0.90	0.49	8.18	46.20
陕西	1082.37	18.00	10.23	188.82	14.40

续表

省份	金融业增加值（亿元）	金融业从业人员（万人）	信息技术从业人员（万人）	信息技术固定资本投资（亿元）	非信息技术固定资本投资（亿元）
甘肃	443.12	7.47	2.73	72.21	13.30
青海	321.77	2.25	0.82	80.21	1.60
宁夏	256.38	3.77	0.80	51.41	5.90
新疆	275.32	9.02	2.87	125.61	11.90

附表 16　　面板回归基础数据（2016 年）

省份	金融业增加值（亿元）	金融业从业人员（万人）	信息技术从业人员（万人）	信息技术固定资本投资（亿元）	非信息技术固定资本投资（亿元）
北京	4266.80	51.42	69.22	198.90	50.60
天津	1735.33	16.01	4.85	165.30	20.40
河北	1731.23	32.17	8.42	239.10	93.10
山西	1207.35	17.88	4.97	100.90	9.20
内蒙古	992.14	11.77	4.85	126.80	16.80
辽宁	1901.50	27.00	12.58	63.10	12.90
吉林	639.50	12.09	6.41	226.20	68.50
黑龙江	900.80	21.35	7.29	229.20	64.80
上海	4765.83	35.51	26.78	136.90	18.50
江苏	6060.01	38.08	27.32	635.50	141.60
浙江	3050.61	46.38	18.61	318.79	88.90
安徽	1447.00	22.26	8.01	301.70	92.40
福建	1866.17	19.57	9.11	311.10	50.60
江西	1056.30	13.01	5.60	171.20	48.90
山东	3364.44	45.45	18.25	294.40	101.80
河南	2256.61	30.00	12.16	238.90	30.80
湖北	2106.47	20.97	12.33	150.70	33.00
湖南	1272.71	25.34	7.40	298.30	78.60

续表

省份	金融业增加值（亿元）	金融业从业人员（万人）	信息技术从业人员（万人）	信息技术固定资本投资（亿元）	非信息技术固定资本投资（亿元）
广东	6127.05	51.82	43.51	506.70	94.10
广西	1135.45	14.30	4.23	223.20	72.10
海南	280.07	4.26	1.62	88.40	1.30
重庆	1642.59	13.98	4.58	90.90	12.20
四川	2599.45	30.39	18.41	292.90	21.30
贵州	689.07	9.03	3.60	67.00	13.60
云南	1092.60	10.36	5.00	228.50	10.20
西藏	96.24	0.95	0.48	11.40	4.90
陕西	1176.59	20.35	11.15	225.50	22.90
甘肃	507.02	7.62	2.75	105.02	22.50
青海	245.81	2.38	0.89	76.0	4.80
宁夏	285.13	4.04	0.78	66.50	1.00
新疆	597.63	9.44	2.90	136.20	9.20

附表 17　　面板回归基础数据（2017 年）

省份	金融业增加值（亿元）	金融业从业人员（万人）	信息技术从业人员（万人）	信息技术固定资本投资（亿元）	非信息技术固定资本投资（亿元）
北京	4655.37	54.45	77.44	282.20	28.4
天津	1951.75	19.17	5.35	209.40	14.1
河北	2053.44	34.64	7.53	327.40	58.8
山西	1320.05	18.58	4.86	28.00	1.50
内蒙古	1099.85	11.75	4.82	190.90	21.80
辽宁	1964.58	28.31	12.90	55.90	12.90
吉林	709.64	12.15	6.29	396.00	70.10
黑龙江	932.35	22.65	8.16	252.60	40.30
上海	5330.54	34.18	30.73	123.50	16.80
江苏	6783.87	40.35	27.92	611.20	121.70

续表

省份	金融业增加值（亿元）	金融业从业人员（万人）	信息技术从业人员（万人）	信息技术固定资本投资（亿元）	非信息技术固定资本投资（亿元）
浙江	3533.05	48.45	23.02	336.90	57.70
安徽	1663.59	23.69	8.19	274.00	62.10
福建	2055.33	20.82	10.85	364.50	17.60
江西	1107.12	13.26	6.27	204.80	62.50
山东	3707.24	46.14	18.88	321.70	136.90
河南	2509.19	29.65	13.21	310.00	43.00
湖北	2640.86	21.54	12.74	149.30	49.00
湖南	1610.31	26.72	6.93	392.20	60.90
广东	6853.01	48.89	49.86	541.90	70.00
广西	1273.40	14.67	4.02	245.80	54.30
海南	308.94	4.75	1.92	108.20	0.70
重庆	1813.73	14.40	4.78	106.20	8.30
四川	3203.27	31.70	20.14	286.70	27.70
贵州	787.88	9.17	3.80	139.50	17.90
云南	1194.67	10.47	5.21	136.00	8.80
西藏	110.20	1.34	0.52	9.00	1.50
陕西	1300.10	22.40	11.58	225.00	19.60
甘肃	553.59	8.44	2.90	53.10	6.20
青海	274.60	2.27	0.90	88.90	1.00
宁夏	314.69	4.01	0.81	72.60	3.00
新疆	623.53	9.81	2.85	154.20	26.60

附表 18　　　　我国城市基础数据（2017 年）

城市	地区生产总值（亿元）	年末就业人员（万人）	全社会固定资产投资（亿元）	城市面积（平方千米）	国际互联用户数（万户）	金融业就业人数（万人）	万人大学生数（人）	每百人公共图书馆藏书（册）
北京	162519	685.9	58515	16411	5234	32.87	452.79	395.10
天津	113073	268.2	74837	11760	1902	7.72	451.31	135.87

续表

城市	地区生产总值（亿元）	年末就业人员（万人）	全社会固定资产投资（亿元）	城市面积（平方千米）	国际互联用户数（万户）	金融业就业人数（万人）	万人大学生数（人）	每百人公共图书馆藏书（册）
石家庄	40827	84.8	30270	15848	1668	4.61	389.30	50.11
唐山	54425	87.3	25451	13472	1103	3.11	143.64	26.97
秦皇岛	10701	29.9	5985	7802	524	1.61	309.94	32.89
邯郸	27890	58.4	18888	12062	770	1.66	63.30	14.7
邢台	14289	36.0	9789	12433	613	1.68	65.65	12.97
保定	24499	81.2	15581	22185	1228	2.75	143.26	16.27
张家口	11186	37.3	9671	36873	411	1.49	96.45	25.57
承德市	11042	25.4	7978	39548	340	1.60	107.60	20.12
沧州	25852	48.6	15304	14053	629	2.23	66.71	11.54
廊坊	16114	39.5	10563	6429	693	1.29	247.29	43.02
衡水	9291	27.0	5672	8837	478	1.49	40.32	11.53
太原	20801	83.8	10241	6977	1114	2.77	936.70	132.9
大同	8436	42.4	6649	14127	310	1.34	108.84	20.73
阳泉	5281	26.1	3156	4570	227	0.71	81.54	48.62
长治	12186	39.4	6069	13896	371	1.61	91.74	39.40
晋城	8950	28.9	5041	9425	251	1.03	22.62	12.87
朔州	8552	19.7	4746	10674	134	0.65		18.83
晋中	8902	34.9	5802	16392	414	1.98	191.10	34.34
运城	10168	32.8	6642	14181	475	1.42	35.28	22.90
忻州	5545	24.5	5074	25117	368	0.93	58.85	25.64
临汾	11361	36.5	6073	20275	558	1.51	89.93	30.49
吕梁	11307	33.9	4929	21239	327	1.08	41.93	19.73
呼和浩特	21773	32.5	10317	17453	361	1.98	957.02	124.30
包头	30054	38.6	21606	27768	229	1.97	304.46	136.91
乌海	4832	10.1	2869	1754	70	0.38	66.31	79.79
赤峰	13472	30.8	11151	90021	230	1.22	37.48	17.24

续表

城市	地区生产总值（亿元）	年末就业人员（万人）	全社会固定资产投资（亿元）	城市面积（平方千米）	国际互联用户数（万户）	金融业就业人数（万人）	万人大学生数（人）	每百人公共图书馆藏书（册）
通辽	14488	24.7	8522	59535	177	0.73	96.85	27.65
鄂尔多斯	32185	20.1	22329	86752	116	0.87	24.40	47.98
呼伦贝尔	11453	35.5	8050	253356	268	1.05	63.31	30.69
巴彦淖尔	7185	14.8	6336	64413	125	0.62	38.44	21.73
乌兰察布	6900	14.3	4620	54492	102	0.75	53.31	17.73
沈阳	59157	120.8	45771	12980	1506	4.74	517.75	156.90
大连	61506	109.8	45801	12574	1331	5.39	433.57	189.62
鞍山	23988	52.0	13800	9255	553	1.71	106.58	61.39
抚顺	11134	28.2	7953	11272	336	0.99	197.58	47.52
本溪	10446	26.4	5772	8411	257	1.00	113.94	62.85
丹东	8887	26.8	6903	15290	797	0.80	123.62	60.27
锦州	11169	26.9	6680	9891	464	1.33	261.71	41.00
营口	12247	26.6	9108	5242	347	0.96	70.58	43.02
阜新	4803	19.6	3909	10399	262	0.88	236.29	21.19
辽阳	8887	17.6	5066	4774	252	0.57	107.83	52.84
盘锦	11199	47.4	7944	4071	177	0.85	37.88	38.71
铁岭	8738	23.1	7466	12980	277	0.93	49.35	23.61
朝阳	8130	26.5	5959	19698	294	1.31	11.80	20.00
葫芦岛	6501	22.2	4443	10415	276	0.96	26.63	29.68
长春	40031	95.0	23566	20604	969	3.76	494.29	111.40
吉林	22080	38.4	14913	27126	537	1.24	215.93	49.09
四平	9846	20.9	4578	14080	274	0.91	100.23	20.43
辽源	5005	9.1	3712	5140	152	0.45	44.17	25.05
通化	7802	21.0	5478	15608	243	0.96	50.09	33.94
白山	5314	19.2	4099	17485	152	0.56	12.35	41.01
松原	13610	21.9	7614	21090	186	0.80	11.85	20.91

续表

城市	地区生产总值（亿元）	年末就业人员（万人）	全社会固定资产投资（亿元）	城市面积（平方千米）	国际互联用户数（万户）	金融业就业人数（万人）	万人大学生数（人）	每百人公共图书馆藏书（册）
白城	5546	19.4	3445	25745	180	0.56	91.92	22.46
哈尔滨	42422	131.3	30120	53068	5523	4.77	484.76	80.54
齐齐哈尔	10658	43.2	5373	42469	425	1.67	88.19	29.47
鸡西	5078	27.5	2001	22531	165	0.80	56.59	*17.79
鹤岗	3131	26.2	1406	14659	104	0.48	51.51	32.72
双鸭山	5029	15.0	3229	23209	146	0.51	25.77	22.08
大庆	37415	55.5	10500	21219	396	1.38	227.97	108.33
伊春	2297	19.0	1611	32759	350	0.40	17.76	58.77
佳木斯	6253	27.8	2933	32704	260	0.77	126.11	29.30
七台河	3081	14.1	1206	6221	94	0.34	15.79	23.63
牡丹江	9403	23.8	5798	40876	348	1.40	201.15	31.44
黑河	3160	30.2	2133	82164	135	0.55	54.70	17.07
绥化	9121	27.2	4184	34873	233	1.33	17.42	21.81
上海	191957	497.3	50643	6340	5307	27.78	360.22	485.65
南京	61455	139.3	37573	6587	2474	3.79	1270.50	216.45
无锡	68802	87.0	31692	4627	1522	2.89	231.53	98.85
徐州	35516	62.4	22010	11259	768	2.34	134.90	24.74
常州	35810	50.1	22233	4372	961	1.84	288.40	66.25
苏州	107170	133.1	42800	8488	2205	4.21	277.96	119.35
南通	40802	66.0	23784	8001	1151	3.03	97.44	43.44
连云港	14105	35.2	10432	7615	533	1.56	67.03	39.51
淮安	16900	40.8	10206	10072	393	1.39	124.14	26.78
盐城	27713	52.8	15870	16972	873	2.55	67.38	24.50
扬州	26303	42.1	14754	6591	880	1.31	169.07	46.28
镇江	23115	39.3	12269	3847	454	1.64	323.74	79.56
泰州	24226	39.4	11977	5787	470	1.65	93.75	33.03

续表

城市	地区生产总值（亿元）	年末就业人员（万人）	全社会固定资产投资（亿元）	城市面积（平方千米）	国际互联用户数（万户）	金融业就业人数（万人）	万人大学生数（人）	每百人公共图书馆藏书（册）
宿迁	13208	23.0	7890	8555	361	0.75	31.67	11.75
杭州	70191	264.3	31000	16596	2411	8.02	642.11	206.48
宁波	60592	171.8	23855	9816	2380	6.07	250.56	127.12
温州	34185	111.3	17515	11786	1787	2.73	93.97	60.17
嘉兴	26771	79.1	14883	3915	920	2.08	165.63	147.73
湖州	15201	41.4	8047	5820	533	1.45	97.03	95.96
绍兴	33320	125.2	14263	8256	1076	2.18	128.30	60.75
金华	24581	57.7	8628	10942	1132	2.46	165.02	43.34
衢州	9196	19.3	5046	8845	281	1.36	43.23	49.36
舟山	7728	16.1	4761	1440	265	0.65	236.46	99.80
台州	27544	86.3	10078	9411	1127	3.81	52.72	42.95
丽水	7982	18.4	3585	17298	301	1.05	145.62	64.06
合肥	36366	97.7	33770	11430	776	3.20	579.93	69.53
芜湖	16582	33.0	13542	5988	365	1.00	365.05	25.98
蚌埠	7802	20.3	6509	5952	803	0.94	141.57	12.89
淮南	7095	37.3	5013	2584	234	0.98	263.52	13.19
马鞍山	11442	19.2	9496	4042	249	0.87	201.26	48.95
淮北	5549		4501	2741	180	0.52	141.73	24.79
铜陵	5794	12.2	4127	1113	93	0.36	382.72	75.12
安庆	12157	26.5	8294	15318	388	1.11	61.40	17.64
黄山	3788	9.8	3700	9807	173	0.61	110.39	36.86
滁州	8505	18.8	6901	13523	262	0.84	92.51	13.05
阜阳	8532	30.5	4054	9776	325	1.66	27.99	4.85
宿州	8024	24.1	4800	9787	256	0.97	49.96	3.59
六安	8210	72.0	5581	17976	244	1.10	56.31	7.31
亳州	6267	16.5	3315	8374	234	0.93	17.83	5.74

续表

城市	地区生产总值（亿元）	年末就业人员（万人）	全社会固定资产投资（亿元）	城市面积（平方千米）	国际互联用户数（万户）	金融业就业人数（万人）	万人大学生数（人）	每百人公共图书馆藏书（册）
池州	3725	8.1	2926	8272	126	0.64	169.15	20.32
宣城	6714	51.6	6357	12313	224	0.60	21.61	25.23
福州	37364	128.1	27203	13066	1333	2.99	450.68	48.11
厦门	25393	110.5	11281	1573	1007	1.62	732.60	248.62
莆田	10506	34.0	6993	4131	425	0.96	51.32	15.13
三明	12118	23.8	9230	23094	319	1.17	84.55	52.72
泉州	42709	174.0	15282	11015	1492	1.94	171.31	65.52
漳州	17682	45.7	10756	12881	573	1.34	125.71	21.62
南平	8943	25.1	6692	26308	389	1.13	73.20	48.92
龙岩	12422	34.4	7787	19052	343	1.41	48.95	43.58
宁德	9301	17.7	4463	13248	819	1.04	24.73	21.38
南昌	26889	91.4	20223	7402	731	2.29	968.22	82.60
景德镇	5647	19.3	3945	5256	141	0.53	152.94	34.33
萍乡	6582	14.2	5773	3824	148	0.64	39.25	38.93
九江	12564	39.4	10065	18823	377	1.14	169.24	37.82
新余	7792	10.2	5999	3178	138	0.35	233.85	49.25
鹰潭	4276	10.2	2769	3650	112	0.32	39.29	25.16
赣州	13360	45.0	8196	39379	500	1.76	90.73	21.57
吉安	8791	22.0	7392	25372	311	0.91	36.63	41.47
宜春	10780	34.1	7087	18669	239	1.05	61.49	20.39
抚州	7425	23.9	5539	18820	202	0.76	115.83	29.35
上饶	11106	31.2	8285	22791	300	1.11	27.54	16.21
济南	44063	133.1	19343	8177	1327	5.88	1054.36	163.03
青岛	66156	128.4	35025	10978	1857	3.87	380.31	61.45
淄博	32802	72.0	14992	5946	632	1.84	231.42	58.96
枣庄	15617	38.1	8238	4563	373	0.67	55.66	28.69

续表

城市	地区生产总值（亿元）	年末就业人员（万人）	全社会固定资产投资（亿元）	城市面积（平方千米）	国际互联用户数（万户）	金融业就业人数（万人）	万人大学生数（人）	每百人公共图书馆藏书（册）
东营	26764	46.1	13239	7950	402	0.79	275.34	43.02
烟台	49068	106.0	28838	13746	960	3.87	224.72	84.85
潍坊	35418	68.7	26040	16143	999	1.78	136.50	34.21
济宁	28967	71.6	13917	11423	544	3.07	95.26	21.88
泰安	23043	65.7	14737	7762	551	1.29	175.47	21.80
威海	21110	56.6	11886	5797	542	1.13	234.38	60.98
日照	12141	21.4	8807	5348	312	0.95	70.79	14.05
莱芜	6119		3501	2246	158	0.28	59.26	35.45
临沂	27705	63.1	11869	17191	792	2.83	54.71	28.32
德州	19507	38.5	11537	10356	426	1.59		19.39
聊城	19194	38.3	10411	8703	473	2.28	66.16	89.72
滨州	18176	41.6	10107	9600	410	1.03	122.24	33.91
菏泽	15565	39.9	5523	12239	612	1.46	33.04	27.85
郑州	49798	136.7	30025	7446	1723	4.31	658.45	60.21
开封	10724	39.1	5848	6444	374	0.68	149.90	14.34
洛阳	27028	60.0	18605	15200	807	2.12	140.80	22.08
平顶山	14846	49.9	8152	7904	408	1.68	112.80	15.74
安阳	14866	50.2	9253	7413	479	1.49	87.51	17.58
鹤壁	5005	18.6	3395	2182	193	0.33	61.47	26.27
新乡	14894	46.8	11295	8249	576	1.07	210.41	17.83
焦作	14426	37.8	9464	4071	378	1.80	195.69	24.98
濮阳	8973	32.5	6121	4266	250	0.64	29.14	13.01
许昌	15887	32.8	8970	4996	390	0.61	69.10	20.77
漯河	7517	24.6	4481	2617	234	0.51	102.36	13.53
三门峡	10304	26.8	7491	10496	234	0.99	67.21	62.94
南阳	22023	84.4	14764	26509	512	1.97	54.55	12.42

续表

城市	地区生产总值（亿元）	年末就业人员（万人）	全社会固定资产投资（亿元）	城市面积（平方千米）	国际互联用户数（万户）	金融业就业人数（万人）	万人大学生数（人）	每百人公共图书馆藏书（册）
商丘	13084	42.0	8274	10704	380	1.02	83.24	6.65
信阳	12577	43.8	10530	18847	417	1.19	62.33	9.74
周口	14075	46.1	8518	11959	389	2.02	30.87	4.83
驻马店	12448	44.8	7472	15083	275	1.17	33.49	6.80
武汉	67622	189.8	42552	8494	2490	5.65	1112.60	138.51
黄石	9260	31.7	5974	4586	255	0.69	131.68	41.59
十堰	8513	47.8	4869	23680	334	0.82	171.95	30.92
宜昌	21407	65.6	11576	21084	446	0.95	133.67	44.20
襄樊	21322	52.7	10980	19728	447	0.97	95.27	23.59
鄂州	4909	19.0	3289	1594	123	0.28	104.80	36.74
荆门	9426	37.5	5608	12404	237	0.83	65.99	16.46
孝感	9582	65.4	7299	8910	305	1.09	51.95	15.64
荆州	10431	34.4	7737	14092	438	1.12	168.09	16.78
黄冈	10451	36.6	7878	17457	340	1.11	56.46	22.36
咸宁	6520	20.9	5497	9861	317	0.52	136.33	23.00
随州	5180	12.1	3845	9636	167	0.30	30.03	86.35
长沙	56193	121.9	35102	11816	1156	5.18	787.01	145.20
株洲	15643	40.7	8490	11248	356	1.22	181.90	31.15
湘潭	11241		6502	5006	202	1.23	507.09	36.41
衡阳	17343	55.4	8028	15299	344	2.05	148.32	20.83
邵阳	9072	35.1	5621	20830	249	1.57	37.16	17.77
岳阳	18995	48.9	9040	15087	414	1.73	66.17	35.65
常德	18112	36.9	7117	18910	376	1.04	60.28	21.61
张家界	2980	9.0	1452	9516	168	0.39	120.86	8.91
益阳	8836	28.0	4807	12320	233	1.57	61.04	20.12
郴州	13464	31.3	10110	19730	275	0.77	40.68	16.78

续表

城市	地区生产总值（亿元）	年末就业人员（万人）	全社会固定资产投资（亿元）	城市面积（平方千米）	国际互联用户数（万户）	金融业就业人数（万人）	万人大学生数（人）	每百人公共图书馆藏书（册）
永州	9454	30. 0	5933	22441	231	1. 17	39. 80	14. 10
怀化	8456	27. 6	4083	27624	277	0. 98	68. 42	23. 31
娄底	8473	28. 8	4252	8117	197	0. 74	60. 09	20. 15
广州	124234	310. 2	34122	7434	5697	9. 32	1100. 08	193. 42
韶关	8168	32. 1	4454	18463	309	0. 93	102. 24	19. 63
深圳	115055	263. 7	21364	1992	2805	12. 77	261. 31	930. 16
珠海	14049	67. 0	6374	1711	511	1. 40	1103. 22	151. 21
汕头	12757	35. 6	4387	2064	787	1. 51	17. 70	50. 11
佛山	65803	60. 7	19340	3798	1679	3. 03	118. 88	95. 34
江门	18306	54. 9	7419	9504	677	2. 00	67. 62	49. 78
湛江	17002	42. 9	4946	13225	417	1. 38	102. 97	15. 93
茂名	17453	35. 2	2173	11458	321	1. 07	35. 80	8. 37
肇庆	13244	30. 0	7100	15464	0. 94		137. 44	33. 61
惠州	20931	84. 8	10252	11343	818	2. 11	64. 15	32. 71
梅州	7075	24. 5	1986	15870	295	1. 18	67. 19	20. 87
汕尾	5506	15. 8	2841	5271		0. 33	12. 67	4. 93
河源	5793	24. 6	2374	15642	198	0. 52	32. 38	15. 19
阳江	7668	18. 9	4007	7955	234	0. 64	52. 55	22. 29
清远	10030	27. 8	4861	19036	138	1. 08	21. 11	20. 72
东莞	47354	24. 9	10798	2460	1907	2. 80	243. 98	553. 12
中山	21932		7670	1800	795	1. 39	241. 08	86. 11
潮州	6472	13. 4	1989	3146	298	0. 52	67. 38	16. 97
揭阳	12259	23. 1	4802	5266	406	0. 74	13. 15	10. 64
云浮	4814	17. 3	3534	7779	387	0. 43	31. 04	22. 68
南宁	22114	78. 0	19661	22112	4263	3. 18	415. 78	74. 91
柳州	15797	43. 1	12512	18617	564	1. 29	177. 99	41. 38

续表

城市	地区生产总值（亿元）	年末就业人员（万人）	全社会固定资产投资（亿元）	城市面积（平方千米）	国际互联用户数（万户）	金融业就业人数（万人）	万人大学生数（人）	每百人公共图书馆藏书（册）
桂林	13361	34.3	11402	27809	596	1.32	277.81	74.17
梧州	7352	15.7	5828	12572	224	0.55	39.42	29.21
北海	4966	14.4	5614	3337	225	0.58	155.13	29.72
防城港	4138	9.8	4616	6222	108	0.16		28.56
钦州	6467	15.2	5578	10843	203	0.37	42.59	12.76
贵港	6308	15.6	3839	10602	219	0.56	4.56	12.28
玉林	10199	29.4	7594	12838	393	0.93	21.98	24.11
百色	6567	18.7	6586	36202	264	0.43		
贺州	3564	9.1	4216	12053	144	0.30	44.59	24.00
河池	5120	19.1	4358	32907	251	0.53	28.45	22.50
来宾	4862	12.2	3548	13411	125	0.34	21.69	15.82
崇左	4918	14.4	3687	17386	124	0.45	86.71	2.72
海口	7133	43.9	3950	2305	478	1.34	791.85	27.46
三亚	2838	7.6	3555	1918	100	0.17	715.03	46.44
重庆	100114	292.1	75794	82829	15352	6.77	184.10	34.50
成都	68546	198.9	49440	12121	1887	5.72	556.32	132.32
自贡	7804	17.4	3280	4372	258	1.00	90.60	10.33
攀枝花	6457	19.8	3706	7440	172	0.57	189.06	55.94
泸州	9009	26.5	5093	12228	260	0.90	74.50	23.70
德阳	11374	26.8	5804	5911	368	1.15	123.18	21.00
绵阳	11891	36.2	7303	20287	447	1.14	166.87	30.99
广元	4035	14.3	5004	16319	198	0.68	12.93	29.56
遂宁	6034	16.7	5114	5325	205	0.54	27.70	10.40
内江	8547	21.2	3828	5385	193	0.62	49.50	12.30
乐山	9181	28.2	4923	12826	305	0.74	110.89	14.16
南充	10295	26.2	7136	12479	406	1.93	76.06	12.67

续表

城市	地区生产总值（亿元）	年末就业人员（万人）	全社会固定资产投资（亿元）	城市面积（平方千米）	国际互联用户数（万户）	金融业就业人数（万人）	万人大学生数（人）	每百人公共图书馆藏书（册）
眉山	6733	15.9	4412	7186	190	0.33	52.23	6.27
宜宾	10912	36.3	5923	13271	318	1.27	41.04	20.74
广安	6599	11.6	4251	6344	170	0.66	11.95	34.17
达州	10118	25.8	6576	16580	296	1.10	27.28	14.62
雅安	3501	9.6	3060	15046	130	0.46	252.50	44.04
巴中	3434	17.2	3051	12301	129	0.45		12.02
资阳	8364	16.5	4553	7962	174	0.83		12.42
贵阳	13831	76.5	16006	8034	672	2.26	694.76	56.55
六盘水	6139	22.2	3501	9914	127	0.47	23.08	11.67
遵义	11215	32.9	6853	30762	368	1.02	58.42	17.24
安顺	2856	14.4	2092	9267	124	0.55	44.82	12.19
毕节	7379	23.9	6852	26853	183	0.64	14.04	8.74
铜仁	3577	14.8	3262	18003	118	0.59	32.70	11.56
昆明	25096	110.8	22755	21012	1130	3.03	627.34	43.75
曲靖	12099	33.6	8777	28904	266	0.80	39.40	17.59
玉溪	8766	19.4	4225	15285	222	0.80	71.05	82.74
保山	3196	15.9	2663	19637	115	0.41	65.68	22.03
昭通	4650	21.6	4874	22657	140	0.45	10.22	2.87
丽江	1785	9.5	2239	21219	69	0.27	156.78	27.56
思茅	3012	15.8	3052	45385	149	0.35	34.20	30.15
临沧	2724	11.9	3461	24469	91	0.25	25.53	23.25
拉萨	2224	37.8	2205			0.94	521.77	
西安	38642	154.3	33521	10108	1841	5.37	865.38	61.97
铜川	2345	10.2	1150	3882	76	0.45	34.92	76.06
宝鸡	11758	31.5	9180	18117	296	0.89	72.98	34.13
咸阳	13613	39.9	12158	10189	369	1.42	199.66	19.86

续表

城市	地区生产总值（亿元）	年末就业人员（万人）	全社会固定资产投资（亿元）	城市面积（平方千米）	国际互联用户数（万户）	金融业就业人数（万人）	万人大学生数（人）	每百人公共图书馆藏书（册）
渭南	10290	39.4	9129	13134	391	1.73	29.93	17.00
延安	11134	24.1	8152	37021	204	0.80	105.10	27.86
汉中	6475	25.7	3486	27246	242	1.28	54.91	18.22
榆林	22923	26.9	11891	43578	272	0.72	36.12	27.68
安康	4072	13.9	3045	23536	193	0.74	60.37	16.52
商洛	3629	13.9	2940	19292	105	0.68	52.81	20.78
兰州	13600	52.4	9506	13086	420	2.16	905.51	142.10
嘉峪关	2355		652	2935	54	0.12	150.59	61.70
金昌	2328	8.1	1307	8896	49	0.14	16.42	61.17
白银	3758	15.4	2214	21158	93	0.57	7.45	28.98
天水	3576	19.5	2921	14403	107	0.42	94.33	21.92
武威	2729	10.5	2858	33238	43	0.48	65.64	16.77
张掖	2568	11.1	1453	41924	87	0.54	136.11	49.27
平凉	2762	14.2	3150	11170	72	0.42	28.01	18.88
酒泉	4815	10.3	5639	193974	96	0.58	66.01	48.64
庆阳	4543	9.7	6277	27119	95	0.47	48.12	22.06
定西	1869	11.0	2817	20330	47	0.32	27.11	21.67
陇南	1977	11.4	2908	27914	47	0.33	17.95	26.17
西宁	7707	33.6	5280	7665	270	1.26	263.29	100.99
银川	9867	31.3	7206	9025	307	1.76	478.30	173.77
石嘴山	3680	9.2	3000	4467	92	0.27	91.58	63.96
吴忠	2720	8.2	2367	20700	59	0.35	13.62	51.43
固原	1337	5.7	1368	13047	37	0.21	38.40	31.68
中卫	2216	5.1	1845	17441	57	0.20		32.96
乌鲁木齐	16900	60.9	4276	13788	2515	2.49	526.26	110.61
克拉玛依	8017	16.6	2148	7734	98	0.29	101.82	373.08